Arbeiten Sie noch oder qualmen Sie schon?

倉鼠累了嗎？

德國職場心理治療師的
工作生活平衡心法！

Der
brennend
Hamste

U0114047

作者／阿克瑟·貝格（Axel Berger）、托爾斯登·泰伏斯（Thorsten Thews）　翻譯／林硯芬

Contents

前言

獻給燃燒的倉鼠們

即使已盡心費力卻還是覺得很不順嗎？是否有時會覺得所有事情都不如預期？你常常覺得疲憊嗎？

這樣算是過勞嗎？

不，這不過是一種令人遺憾的現象。這只是我們的日常生活，是每個人都會有的、非常正常的想法。

然而如果一直垂頭喪氣著，持續數週情緒都相當低迷，已然看不見任何目標時，倉鼠輪會越轉越快，而且即便睡上十個小時也無法獲得真正的修養生息，那麼事情就有點嚴重了，這並非日常生活，因為導火線已經被點燃了：倉鼠們燃燒起來了——或者至少也已經開始玩火了。

你也有類似的感受嗎？如果是的話，那麼這本書就是為你而寫的，因為接下來的篇幅正是專門要獻給燃燒起來的倉鼠們。我們認為，所有人都會有那麼一天，突然意識到或再度發現自

己已經危險地靠近了導火線。

　　我們要開誠布公地說：如同所有好書的建議，你只要讀完書，就有可能變得更精明。而本書也是一樣的，就這點而言無可挑剔。我們相信，即便這不是一本將過勞寫得面面俱到的書，但整體而言還是很有幫助與啟發性的。書中的許多實務案例，搭配上醫學方面的知識，篩選出易於理解的部分，再加上個人的親身經驗，使本書得以成為一本頗有助益的書籍。書中的個案由阿克瑟・貝格執筆，治療理論則是由托爾斯登・泰伏斯執筆，不過也有某些章節的內容是由兩人共同完成。或許你在閱讀的時候，就能分辨出哪個部分出自於何人之手。

　　敬告所有對醫學感興趣的讀者：其實本書的初稿還多出了約五十頁左右，但我們決定將焦點聚集在一隻燃燒著的倉鼠的實際生活中，因此本書並非是一本以過勞為題的學術性論文，而是當你處在「過勞」的危難之際時，我們將施予援手。內容涵蓋了日常生活中適用的解決辦法、援助方式與實用小技巧，以便讀者能夠應付這種「過勞」病症。

　　書中講述的案例全是真實發生過的，不過基於法律問題，全都做了匿名處理。針對某些相當直白的敘述語句，我們不會為之道歉，因為如果勢必要加上些（黑色）幽默，就必須使用直白的語句，只要繼續看下去你就會明白了。

- 補充說明：
1. 倉鼠輪：意指人們持續奔波而找不到目標，就像持續轉動倉鼠輪的倉鼠。
2. 導火線：本書特別指造成過勞的觸發點。
3. 燃燒的倉鼠、玩火的倉鼠：請見 P.77 ～ P.81 的詳細說明。

使用說明：如何善用本書

和現實生活一樣，我們會刻意維持對等平衡，常在實例當中參雜「理論性的專業範疇」，雖然乍看之下像是隨便插入的章節。

我們的小技巧：請直接閱讀本書。

其他小技巧：請利用所有留白部分來寫下你自己的筆記與想法，如果你買的是電子書，那麼隨書做筆記或許會有一點困難，所以請準備一些紙吧！也許會有所幫助。

我們體悟到，「過勞」和出身、社會地位、教育程度是沒有關係的。不過好消息是，想要改善這種症狀是有希望的，而且復原的機會非常大。

為什麼會有這種樂觀的信息呢？因為我們充分暸解一隻燃燒的倉鼠的生活，而且我們知道，要實際去操作書中的建議有多麼困難。但是只要「重新站起來並且繼續做下去」成了唯一的選擇，那麼我們保證這本書將會是你日常生活中的一個重要

幫手！

　　我們要變得更敏感，因為將注意力集中在自己身上是邁向身心復原的第一步。你不會再感到孤獨、也不會體會到某個症狀湧入你的內心深處，或者意識到趨近「過勞」的警告信號，我們將提供許多對付過勞危機的小撇步，幫助你用更好的狀態度過日常與改善你的狀況，因為有人能夠理解與接受你，這將會舒緩並帶走壓力。

　　為了你我的安全著想：請注意！悲觀的思想有可能成為你的致命傷！而本書應能幫上忙，一方面它是過勞警訊的提供者，另一方面它又有喚起生活動力的功能。

　　面對本書的主題，我們皆抱持著敬重的態度，因為這是一種極為可怕而狡詐的症狀，我們兩人都曾為自己的人生經歷付出過極大的代價，並且試著將全都的狀況記下來，但一本書的篇幅仍是有限的。本書無法也不應該取代醫生或心理師的治療方式。

　　我們不建議你獨自面對過勞症，光是「閉口不談」就足以讓你自己與家人陷入困難，而且被人誤解的狀況經常發生。我們在此提供一個重要的提醒：如果你覺得自己正身處過勞症狀之中，或者甚至曾有過自殺的念頭，那麼最好立刻向他人求救。如果你正處於這種狀況，請立刻放下這本書並前往醫院求診，現在就去！不要計畫「明天」再去看醫生，也不要讓自己受制

於與必須經過長時間排隊等待的心理治療師約診。對你而言，無論是這本書、網路論壇、心理諮詢電話或是自救小組，都已經不能作為適合的傾訴對象，所以現在請立刻去尋求協助！這麼做一定是值得的，因為我們可以保證一件事：你那想一了百了的念頭，通常都會隨著你症狀的好轉，而在不久後消失不見！

擅長當一位傾聽者的親朋好友們，此建議也很適用於你，遇到這種狀況，最好要早點行動，俗話說：「小心駛得萬年船。」在這種狀況下，這句話應該當成最高準則。

正因為（潛在）患者會變得越來越沉默——這是過勞的典型症狀，它們也是自殺的高危險群，所以急需最真誠的關注！一個已經下定決心要自我了斷的人，無論是出於何種原因，往往會散發出一種特別平靜的氛圍，也就是所謂的「暴風雨前的寧靜」。如果你知道有個親友正突然表現出這種平靜的態度，請一定要試著去關心一下：他的問題是否都已經解決了？或者他是否已做了「最壞的打算」？

讓我們一起預防過勞並提供協助

「過勞」改變了你的生活嗎？其實已經沒有東西可以改變了，事實上：你的生活不可能再像從前一樣了，你可以安心地放下它，但是如果你實行了本書中的某些建議，那麼你將能夠更堅強、更睿智地踏上未來的人生旅途，或是避開險阻，這也

算是種收穫。

還有一件可能會發生的事是：假如你正確地理解並運用了本書，那麼它甚至可能會改變你整個人生，不過我們不能做太多保證，誠如前西德總理威利・布蘭特（Willy Brandt）所說：「跨出小步伐要好過說大話。」我們非常贊同這句話。

因此，請為你自己的小小成功與復原感到高興，一步一步找回你的人生，因為這是值得的！

我們還有一個非常重要的建議：看完本書後，請將它拿給你的另一半，請對方看一看，因為「能夠被理解」是對抗過勞的重要元素，我們保證，兩個人同心協力會更容易辦到！

前言寫到此已經夠多了，請和我們一起踏上瞭解並遠離過勞的旅程吧！

阿克瑟・貝格
Axel H. W. Berger
（企業家、倉鼠及作者）

&

托爾斯登・泰伏斯
Thorsten Thews
（心理師、職能訓練師、倉鼠，同樣也是作者）

（名字按英文字母排序）

PS：這本書的誕生過程並沒有傷害任何一隻倉鼠。

作者簡介

在旅程正式開始之前，你應該再多瞭解一下這兩位「東道主」。因為這並不是由一個人所完成的書，而是由兩隻倉鼠所合著。兩人之所以會一起寫這本書，是因為托爾斯登・泰伏斯在貝格先生也出席的商務會議上，進行了一場關於過勞問題的演講，於是兩人做出了寫書的決定。現在就由專業人士開始吧！讓我們歡迎：托爾斯登・泰伏斯。

托爾斯登・泰伏斯（Thorsten Thews）

有一位好友曾對我說：「你是個心靈工程師。」這句話完全描述出我為何而燃燒……

一九六八年，我在德國的最西北角出生。高中畢業後，我開始探索這個廣大的世界，遠赴奧登堡[註1]，並在那裡遇到了我

註1　奧登堡：位於比利時・西佛蘭德省部的一座城市。

的摯愛——我的妻子朵莉絲，一段時間後，我們的兒子托爾本出生了，也讓我們的家變得更完整了。

我在威廉港[註2]拿到了通訊科技學位後，待過不來梅[註3]、慕尼黑[註4]、柏林[註5]和漢堡[註6]等地，最後我搬回到德國溫特市，目前我和家人便居住於此，並從事心理治療工作，在此之前，我有將近十五年的時間都在不同的公司擔任工程師主管一職。

至此可能有人會問我：「為何會從工程師變成心理治療師與職能訓練師？」很好，既然你提到了，我也很願意回答：

當我還是工程師時，我花了很多時間，不論是白天或夜晚，我總是為了我所認為的「成就」而工作。在那段時期，即便我人在家中，我的家人卻感受不到我就在家裡。當時我堅信自己的所作所為全都是必要的，而且還有數據能夠證明我是對的：我和我的團隊可以規律地達到我們的預期目標。然而我感受到的，並非是心中渴求的滿足，反而是不斷擴大的煩躁不安、空虛與壞情緒。怎麼會這樣呢？我明明已經符合一位成功科技業主管的所有條件了，而且我遲早會有職業生涯中的大躍進，但我卻感覺內心有一道裂痕：雖然我在工作方面很出色，但我並未真正活著！

註2　威廉港：德國·北海亞德灣沿岸的一個中型城市。
註3　不來梅：德國最小的聯邦，不來梅邦的首府。是德國第二大港口城市和第五大工業城市。
註4　慕尼黑：德國第三大城市。
註5　柏林：德國最大的城市。
註6　漢堡：德國第二大的城市，是位於德國北部的港口都市。

　　我的妻子當然注意到了我內心的劇變，而她也再次展現出一種能力。當她發覺我內心的變動時，她並未追問我，而是靜靜等待我將事情釐清並自行說出口，那是她擁有的眾多能力之中，我最為欣賞的一種能力。最後，我終於能勇敢開口對她說：「我覺得我的生活必須要澈底做些改變，只是我還不知道該怎麼做。」而她卻回答我：「我還在想你究竟要繼續這樣到什麼時候呢！」

　　她早就發現我必須要做些改變了！為什麼我自己卻沒有早點察覺呢？事實上，如果我們的行為一直維持不變，便無法得到預期的結果，只有改變才能帶來全新的結果，而且只有經過深思熟慮、有明確目標的改變，才能帶來預期的、讓人放鬆的、值得追求的結果。

　　我現在已經知道，只有心理壓力變得巨大無比時，才會意識到改變的必要性，人類天生就是如此。

　　我的妻子本能地瞭解，透過請求或勸戒來促使我改變想法是沒有意義的，因為我尚未達到這一步的心理壓力。當她察覺到正當的時機點似乎已來臨時，她先開口說：「你變了，以前的你很開心、願意敞開心扉而且充滿活力，但現在當我看到你時，竟然是你因忙碌而變得空洞的眼神。」接著她問：「是什麼在驅使你？」

　　這句話擊中了我的內心，「是什麼在驅使你？」這正是核心問題，什麼能讓事情有所改變呢？我是我自己這臺車的駕駛

嗎？我心中運行的是哪種程式？我一定要知道是什麼在驅使我，我有意識或無意識下讓自己背負的義務，其意義何在？答案不會是那個經典的表面意義：養家活口。因為我的妻子有自己的工作，我們的收入都很有保障。那麼會是為了地位、財產、名聲與讚譽嗎？是什麼驅使我將自己的時間與思考全都瞄準著工作？我的努力必定有部分物質意義，這點我自然清楚，但是我要如何靠自己的力量賦予這個看似無意義的動力再度有意義，好讓我是活著的而不是只是在運轉著？起初我找不到有說服力的答案，我在接下來的幾天與幾週裡，所做的有關這個課題的行動與思考，全都將我導回了我的出發點，差別只在於堆積起更多的疑問，我闖入了一個死巷，絕望地尋找著出路，一條出現得很緩慢但很安全的出路。

接下來的幾年，我開始專注在自己身上，並學會了：回應與主動傾聽。我之前當通訊科技工程師時，只在機器間進行分析與優化，現在我的溝通能力卻受到了歡迎，我意識到這簡直是超出我想像得容易，我獲得了驚人的成果，我開始與人交談、傾聽並熱情地和他們一起找到建設性的解決辦法。

我對人的看法很快就有了澈底的改變，「光用眼睛，看不見真正重要的東西。唯有用心看，才能看得清楚透澈。」安東尼‧聖修伯里[註7]筆下的狐狸曾這樣對小王子說過。我意識到這句話

[註7] 安東尼‧聖修伯里：法國作家、飛行員，1900 年 6 月 29 日生於法國里昂。著有經典兒童小說《小王子》。

的意義，不過我卻在過了很久以後才成功建構起在我心中所感受到的過勞程序，並進行規劃，當時是二〇〇七年底，我正開始發展並規劃我的診所與諮詢計畫，不久後我便成立了我的診所以及諮詢暨職訓公司——Tieftaucher（深度潛水）。

我想知道，究竟是什麼幫助我找到人生意義的？或者明確地說，究竟是什麼讓我重新找回人生意義的？如今我相信，我們的心中（更精確地說，是我們的潛意識裡）存在著一種主管機制，所有的行動、努力與祈願全都指向這種主管機制，此機制決定了我們早上起床時所產生的第一個念頭，並在夜裡入睡時，讓我們產生最後的想法：我們的核心任務、人生目標、我們的天職、我們的內心。有些人可能會稱之為靈魂或精神。

所有我們渴望的一切、我們致力去做的一件事，以及我們拒絕去做的事或拒絕的人，都會在無意識之下遭到這個主管機制的召喚與權衡。若其是有益的，我們就會追隨它；若沒有幫助，我們便會拒絕它。當事情順利發展時，我們便能感受到其和諧；一旦事情變得費力了，成為一個又一個的障礙，我們的行為便開始反對自己內在的主管機制，也就是我們的內心。

我現在已經找到了一個足以稱為「天職」的職業，而我則稱自己是「火已滅的倉鼠」。

我常常在我的診所內遇到玩火的倉鼠、發熱的倉鼠、燃燒的倉鼠或燃燒殆盡的倉鼠，我很想將合適的滅火工具交給你們，我非常樂意與我的合著者阿克瑟·貝格一起藉著本書，將許多

我覺得很有幫助的方法分享給你們。

這些我們在書裡所描述的知識，並非全都是由我們所發掘的，有一些方法是基於幾千年以來的古老學問。我們也不想隱瞞，我們在相關的文獻中發現了很有意義同時又很有用的概念，因此我們想讓你瞭解這些概念。不過，這當中也有經由實務經驗獲得的方法，如：過勞程序圈、存在神殿或將過勞描述成心靈的炎症，這方面我們將在後面的章節為你詳盡介紹。

現在先讓貝格先生說些話吧！

阿克瑟‧貝格（Axel Berger）

一九七一年，我出生在美麗的不來梅，接受過售貨員、保險業務、廣告宣傳與市場行銷等職業培訓，曾是一名成功的失敗者，但我後來又重新振作起來。二〇〇六年，我為愛搬到了美麗的奧登堡，還擁有一間為出版社與作家服務的廣告公司，我依然談著戀愛，而且還養了一隻狗，同時又是個公認的「燃燒的倉鼠」。除了照顧廣告公司的客戶之外，我們還發行了三份月報，這意味著每個月有兩次至三次的編輯截稿日與龐大交印量——這些全都是壓力！

其實，在我沒經營廣告公司的時候，我都在寫小說與兒童讀物，為何現在要寫一本實用性書籍呢？答案其實相當普通。首先：因為我覺得很有趣，而且我對此議題有話要說。其次：我想給予許多燃燒中的倉鼠一些支持，這是因為我在二〇一三

年的九月，第一次真正被壓力擊垮了。當時我正在義大利地中
海的海邊度假，經過兩天的露營車車程（從奧登堡到義大利，
必須要開兩千零一十五公里）後，我們終於抵達了目的地，在
回到我們的廣告公司之前，有五天緊迫但很必要的年假。

　　飯後，在回到露營車的路上，我開始發作了：我無法繼續
走路，也無法站立，我的女友設法把我搬進露營車裡，然後就
不知道該怎麼辦了，我就像一隻甲蟲一樣躺著，心中期盼這些
症狀會過去，但並沒有。

　　手機沒信號，義大利的緊急電話到底是幾號？我慌了！我
覺得自己活不久。之後，其他營地的人找到了急診醫師，接下
來就是一些「不重要的」溝通問題。最後，我第一次坐上了救
護車，我的女友負責開露營車、載著狗，於漆黑中在狹窄的義
大利濱海街道上跟隨著救護車。

　　到了醫院後，沒什麼大事發生，我躺在走道上數著時間，
又是些「不重要的」溝通問題。感覺很差，長話短說就是：我
覺得自己沒有被照顧到。後來我試著讓自己站起來，不知為何
我辦到了，然後：我解雇了我自己（自行離開醫院）。

　　於是我們在醫院前面的露營車裡渡過一夜，第二天早晨我
先逃回了德國，然後直接回到奧登堡，總共跨越兩千公里才回
到家。

　　診斷結果（後來回到德國就診）：左前庭系統完全失能。

我罹患了類似突發性耳聾的症狀，只是我沒有失去聽力，而是旋轉性眩暈、大量出汗、恐慌以及像是「被痛打了一頓」。

沒有太多可做的事，不過醫生卻給了我一個很好的建議：「貝格先生，你應該放慢腳步。」好主意，說到就要做到。我之後幾個月的流程大致如下：二〇一三年十一月——處理廣告公司業務：書籍出版與促銷、朗誦會、耶誕節、廣告公司日常。到了二〇一四年二月：買了房子。五月：搬入工地、裝潢、廣告公司日常、裝潢、寫書（交稿期限）、裝潢、廣告公司日常。

八月二日：在瓦礫堆中利用空閒的兩天週末寫作；第二次前庭系統失能：坐上救護車，住院一週。之後：在家完工之際重新學習走路，廣告公司業務只做半職，偶爾會有暈眩症狀。再然後：廣告公司業務已幾近全職，暈眩症輕度復發，然後將公司搬入新家，書寫好了，結果造成暈眩症的中度復發。

臨時結論：我必須就此停下來！醫生和健康保險公司都很擔憂。我到巴特施塔弗爾施泰因（德國巴伐利亞州的一個市鎮）住了一個月，在一間專治職業疾病、過勞、憂鬱症、暴食症之類的重症醫院裡，我的狀況已經很嚴重了！

十一月：我按時回去參加下一場新書出版工作，另外還有廣告公司業務、耶誕節，然後休息。二〇一五年一月：我又瘦了十五公斤，必須做些改變了。於是我調整飲食、做些運動，驗血結果又變正常了，不可思議的是：在短短三個月內，我從

一個患有脂肪肝的糖尿病高危險群，變成了「正常」人。

二〇一五年：我的狀況時好時壞，一切都沒那麼簡單。我出版了兩本書、繼續處理廣告公司業務、偶爾又發作。於是我用度假來平衡：阿默蘭島（荷蘭的島嶼）五日遊──和女友、狗狗在沙灘上散步，然後我突然有了興致，甚至還寫了一篇短篇偵探小說。

後來：繼續工作、暈眩症輕微復發、折磨心理治療師、各種檢查──包括斷層掃描以排除腫瘤與失智症，接著還是工作！

二〇一五年底：我的女友瑪麗絲首次出現過勞前的症狀。

於是我決定，我們不能再繼續這樣下去了。

二〇一六年：施行第一個重大措施。如今：雖然並非全都很好，但已經好很多了！於是我繼續工作──雖然還燃燒著，但我變得更加小心，吃得比較健康，而且中午會稍微睡個午覺。

你還有其他疑問嗎？

我肯定沒有做太多承諾，不是嗎？你的狀況又是如何呢？你能提供什麼呢？你能跟上我的節奏嗎？

從「我的家、我的車、我的遊艇」變成了「我的突發性耳聾、我的耳鳴、我的心肌梗塞」。

不過倉鼠狂言已經說得夠多了，我們開始工作吧！什麼是「過勞」？往後翻你就會知道了！

Part 1

過勞現象

德裔美國心理分析師赫伯特・J・弗洛伊登伯格
（Herbert J. Freudenberger）首次學術性地對「過勞」做出了描述，他將過勞描寫成一種經過長時間持續不斷的壓力累積後，所導致的筋疲力竭狀態。

章節前導

準備燃燒……不，是開始我們的過勞之旅，然後再脫離它吧！請繫上安全帶，張大眼睛，接著出發吧！

過勞——難道它像那種跳出小丑的驚嚇箱一樣，會突然出現在螢幕上的嗎？不，絕對不是。早在人們有組織地鑒別各種疾病（或者應該說：身體紊亂不適）開始，長期的筋疲力竭感、工作力下降、情緒抑鬱等現象都是眾所皆知的。

不過，導致過勞成為群體現象，並讓我們覺得它無所不在的，是以下三種趨勢：

- 人們對於說出心裡狀態並坦承患病的意願明顯上升。
- 隨之而來的是社會上較高的接受度，認為心理疾病和生理障礙一樣是可以理解的。
- 相較於三十年前只有少數人體會到過勞這件事，現今由於工作負擔過重、長時間的過度刺激、對理想化的追求，導致一種可說是病態的「完美妄想症」——其被錯當成「效益」。這些是每個人都有可能會碰到的問題，而且有越來越多人意識到這件事。

一九七四年，德裔美國心理分析師赫伯特‧J‧弗洛伊登伯

格（Herbert J. Freudenberger）首次學術性地對「過勞」做出了描述，他將過勞描寫成一種經過長時間持續不斷的壓力累積後，所導致的筋疲力竭狀態。

不久前開始受到關注的過勞現象，以及那明顯增加的患者數量，使得這種病症治療的可能性被描述得很好，而且「診斷」過勞症已經不再是種判斷，而是一個機會（我們還會再說明為何特意用引號將「診斷」一詞框住）。

附帶一提，「過勞」一詞本身就比傳統稱謂要來得更容易理解，也更為群眾所接受。一九七〇年代以前，伴隨著肌肉痠痛、眩暈、緊張頭痛、失眠、無法放鬆、易受刺激與消化不良、情緒抑鬱與焦慮等症狀的長期性筋疲力竭，都被稱為神經衰弱，這種在十九世紀末期常見的心理診斷，被認為是和工業化、都市化有關的神經質筋疲力竭。

因此過勞不是什麼新的概念，筋疲力竭的現象早在一百二十年前就是種普遍的疾病，這種由於神經系統受到過多文明刺激所引發的病因，被認為與當時工業社會帶來的新型態忙碌現象有關。

神經衰弱與過勞症最大的不同並非是症狀，而是罹病之因。如今的病因較傾向於個人的負擔過重，而不是整體社會變化所帶來的壓力。

值得注意的是，「過勞」事實上根本不存在，至少不是以

病徵的狀態出現。

在國際疾病分類標準（ICD-10）當中，神經衰弱被歸類在 F48.0 的編碼之下，因此擁有醫生口中的「病理意義」，但過勞卻沒有。因為過勞沒有清楚的病徵，所以它被歸類到最後的 Z 群（影響健康狀態與醫療保健服務接觸因素）裡，在編碼 Z73.0 的「與生活處理困難有關的問題」項目之下可找到「精神體力耗盡（過勞）」，而原因一方面是由於過勞症和其他心理疾病有著類似的症狀，另一方面則是因為醫生和科學家至今仍未成功在人體當中證明過勞的存在（例如：透過血液檢測或其他測量方式）。

如此一來我們就能理解，為何雖然有著過勞的症狀，但卻不會得到過勞的「診斷」，而是基本上都被診斷為其他生理或心理的病徵，過勞便是以這樣列表的方式被記錄了下來。

如果過勞是唯一的診斷結果，燃燒的倉鼠非常有可能連一份制式的工作能力證明都無法拿到。

不過，如此一來也可以理解，很多初期的筋疲力竭徵兆會自動被診斷為非常明顯的過勞症狀，但其實罹病者還完全不清楚自己究竟發生了什麼事。相較於能夠清楚做出診斷的手臂骨折等狀況，過勞症判定的界線是不固定且不是每次都能清楚辨別出來的。

第 1 章

社會上的過勞情形
有多普遍？

　　根據研究指出，社會上過勞頻繁的情形特別分布在領導型、協助型、照護型與授業型的職業當中。

　　其中，照護人員的罹病率高達 40%～ 60%，除此之外，德國巴伐利亞州的 AOK 醫療保險公司曾在二〇一六年的研究報告指出，對話行銷的員工是過勞症患者的大宗，而 AOK 醫療保險公司的一份報告則證實了，員工由於過勞症狀而缺席的天數，在二〇〇四～二〇一〇年間幾乎成長了近百倍。

　　德國 DAK 公立保險公司曾於二〇一六年報告到，在過去二十年中，員工由於心理疾病而曠職的天數已經成長了三倍之多，二〇一六年更因為每一百位被保險人的曠職天數達到約兩百四十六天而創下了新高紀錄，大部分曠職的原因為憂鬱症、適應困難與過勞等心理問題，其中女性因心理疾病曠職的天數又比男性多出了約 60%，就這點來說，心理病痛是女性曠職的

首要原因，其次是肌肉骨骼疾病，而男性仍舊是以肌肉骨骼疾病為曠職首因。

　整體而言，社會上的心理疾病或心因性疾病的確診案例明顯增加了，而其中一個原因是，相較於幾十年前，如今更常出現生理疾病被判定是由心理問題所引起的。醫師與心理治療師對這方面的注意力明顯提升了，而且這對於提供適當治療非常重要，因為如果病患的病因是來自心理因素，那麼僅用藥物來治療生理上呈現出來的病徵是沒有意義的，這麼做雖然能讓患者暫時康復，但仍可以預想到，病痛如果不是之後又會再度出現，就是會以其他生理病徵來呈現那原本的心理問題。

第 2 章

特別寫給女性的一章
加上洋芋片＆巧克力

　　我們曾思考過是否應該特別為倉鼠女孩們寫一個篇章，因為根據之前提及的研究報告，女性往往都涉及其中。

　　但我們決定不那麼做，這本書絕對是同時為「每個人」而寫的。不過因為兩位作者都是男性，由於天性使然而讓本書的某些部分出現了如足球或動作電影等相關內容，但這並不會改變一個事實，即書中提到的病徵、小技巧與實際案例，在閱讀上並沒有性別差異。基本上：現代女性雖然背負著三重負擔（工作、小孩、家務），但她們如果出現了過勞症狀，還是會很崩潰，而影響的重要因素應該是個人的生活狀況、工作狀況與人際交往。

　　女性的藥物或心理治療一般而言都是比較容易的，因為她們較願意去談論自己的問題或者去看醫生，而男性則全都吞進肚子裡。順帶一提，很多燃燒的倉鼠都會有所謂的暴飲暴食問

25

題，一方面是為了攝取糖分，因為身體在（長期）負擔過重的情況下本來就會索取能量；另一方面則是一種獎勵機制。此外，這也是另一個在統計數字上，女性比男性還要更常出現過勞確診的可能之因，不過無法確定這就是真實情況，男性之中可能存在著許多沒有記錄的過勞案例。

總而言之，過勞對每個人來說都是同樣嚴重的問題，無論是男人、女人還是跨性別者，因此我們不再另闢一個專屬女性的篇章。

糖或含糖食物通常都帶有脂肪，會刺激我們的大腦中樞，產生愉悅感與幸福感，事實上「糖」這個議題本身就可以寫成一本書，但在這裡我們只提這麼多：（太多）糖有可能導致憂鬱與過勞！畢竟「糖」已經成為專家們口中的全民毒品第一名。推薦一部和這個議題有關的紀錄片給你：戴蒙·加梅（Damon Gameau）的「一部關於糖的電影」（暫譯，原名：That Sugar Film）。當我們透過披薩、洋芋片、花生口味的零食、巧克力棒等食物，來享受我們應得的星期五夜晚之後，隔天醒來時卻覺得自己好像被曳引機壓過一樣，這頓獎勵對已經承受過多負重而虛弱的身體來說，變成了一種懲罰！在甜滋滋與油膩膩的享受過後，換來的卻是燃燒殆盡的空虛感，是不是這樣呢？

第 3 章

究竟什麼是過勞呢？

　　如果我們暫時撇開嚴謹的診斷結果和歷史背景，觀察一下過勞對每個人造成的影響，那麼我們可能很容易將過勞描繪成是一種「心靈的灼燒」。

　　由生理發炎現象來類比的話，也能幫助我們瞭解，為何過勞會對整個人體造成影響。

　　想像一下，因為你的腳跟和鞋子不合而造成皮膚發炎，如果能夠即時發現並且細心照料的話，發炎不久後就會消退，而且如果之後穿上的是合腳的鞋，就不會再度發炎，這樣一切都會很好！

　　我們經由生活經驗而得知，人體擁有自癒的能力，很多狀況都會自動痊癒，而事後最多也只是留下老繭或疤痕。就這點而言，繭是正面之物，身體發現到這個部位比較敏感脆弱，因此在這裡生出了一層較厚的皮層以便保護，而心靈方面也差不

27

多是這種狀況：負擔會被消化處理並癒合——頂多留下一層繭，而這層繭卻可以保護我們免受下一次傷害。

　　讓我們回到 satanischen Ferse（惡魔的腳跟）[註1]：在我們這個高壓的時代，如果選擇了一雙不合腳的鞋子，並對腳上的發炎置之不理，只是悶頭繼續向前行，或者他身邊的人仍舊要求他繼續走，不讓他休息，結果將是「疼痛加劇」。也可能出現水泡，讓走路變成一種折磨，但心中堅持不懈的想法會被釋放出來，使得疼痛暫時變成一件可以被忽略的事，直至到達目的地。這似乎比起去關心那討人厭的腳痛要來得重要，因為之後或許還有時間去處理它。

　　讓我們繼續這個話題。如果鞋子不合腳還堅持走下去的話，腳上的水泡可能會破掉，細菌進入傷口內，受傷的地方就會開始發炎。雖然會開始感到不舒服，但還不致於有危機感，因為我們知道發炎通常會有所改善，然後就會開始自行癒合。也就是說，我們還是能繼續走的，即便已經很吃力了。

　　但是，如果我們高估了自癒力呢？如果免疫系統不能或不再能抵禦並戰勝侵入的細菌呢？如果因此而滋生出越來越多的細菌呢？這麼一來就真的會開始對整個身體造成嚴重的汙染，並且陷入危及生命的處境，沒有醫生協助的話就不可能好轉。

　　如果我們將前述的狀況引用到「發炎的心靈」的概念上，

註1　satanischen Ferse（惡魔的腳跟）：德國卡勞市（Calau）的問候方式。

很快就能明白過勞是如何產生的,以及其成形的過程中會有哪些影響,都是有病理的。過勞的產生通常有著背景故事,也同時會出現警訊。

在我們的舉例當中,換句話說,壓力就是負擔,像細菌一樣折磨著心理系統,而且可能會讓心理系統癱瘓。

我們可以承受偶爾一次的壓力,即便是短期的高壓,我們的系統也仍然可以承受,我們會表現出受到刺激的反應,像是點燃了些什麼,不過通常很快就會恢復健康。

相較之下,持續不斷的、向上增加的壓力對我們的倉鼠來說卻是種毒藥,如果沒有處理(透過休息),就不會出現緩解。

沒有緩解的話,倉鼠輪就會開始轉動,桶子中裝滿的壓力水滴將在某個時刻溢出來,心理系統失去平衡,導致倉鼠燃燒起來(或燃燒殆盡)。

過勞=心靈燃燒,這是一種簡單的因果關係鏈,不是什麼大學問。

另外,治療過後,我們雖然全心全意地關注著自己,卻無法讓自己不再因穿錯鞋而讓腳跟發炎。

不過這卻是一個很好的機會,因為我們會從疼痛當中學習,下次便有能力辨識出過勞前的徵兆,並在狀況變嚴重之前做出適當的處理。但是我們也觀察到,有些人只能夠透過更多的疼痛來學習。這些我們將在預防過勞的章節中加以敘述。

第 4 章

造成過勞的原因

　　正如我們所發現的，造成過勞的一個重要原因，就是那無法再被克服的壓力。這裡的重點在於「無法再被克服」，因為我們人類基本上有辦法處理大量壓力，我們天生就是如此。

　　請想像一下，石器時代的人類穿過一片黑暗的森林，聽到一些聲音，樹枝發出斷裂聲時，我們會思考：是朋友還是敵人？是獨角獸還是熊？是我吃掉牠還是牠吃掉我？這就是恐懼！全身像一張緊繃的弓，滿是壓力。

　　該戰鬥還是逃跑？有這兩種可能的選擇（這裡舉出的選擇並不是全部，其實還有「靜止不動」的選項──這是一種戰術，可以讓那些對動作有所行動的攻擊者察覺不到）。無論石器時代的人類做出了哪種選擇，他也只是做出了行動，因為他的身體在這種壓力之下動用了所有必要的力量。經由這個例子我們能清楚看出，恐懼原本就是一個很好的建議給予者，以及指示

給予者，而我們之所以需要壓力，就是為了讓自己迅速脫離危險。

只有在狀況很短暫，而且事後我們能夠休息時，身體才撐得住，只有這樣我們才能克服壓力，而不會造成傷害。除此之外，就身體的層面來說，「休息」意味著在克服壓力時，將用掉的力量再次恢復，而那些在壓力階段下所需的荷爾蒙（例如腎上腺素、去甲腎上腺素、血清素、皮質醇等）則會再度製造出來，同時那些「燃燒後的產物」（壓力）也可以被卸下來，這些都需要一段時間，希望每隻小倉鼠都能瞭解這點。

不過我們現在已經不再是石器時代的倉鼠，而是文明社會的個體，我們可以自由決定自己要背負哪些負擔與要求。不對！目前為止都只是理論，日常生活卻往往是另一回事：壓力無法減輕，它無所不在，而且我們無法克服它，因為沒有時間去克服，我們害怕的不再是劍齒虎，而是下個會議或下個 Deadline（最後期限）。

此外，我們生活在這個科技發達的時代，任何時候都會有數不清的刺激湧向我們（如 E-mail、簡訊、通訊軟體、電話等），這些必須趕緊處理，至少我們必須決定自己是否想對之有所反應或者不理會。於是在我們行動（或不行動）的當下，我們就必須先在心中設想接下來可能產生的連鎖行動，此時此刻並不在考慮之內，而結果則是：新的石器時代。

　　在一個短時間之內必須去完成許多事情的時代，我們很快地就會置身在一種壓力連續運轉的警報之中，身體會持續不斷地產生壓力荷爾蒙，讓我們似乎身處在長期的戰鬥模式或逃亡模式中。如果缺少了必要的恢復階段，身體便無法再回到正常狀態，因為沒有時間恢復。

　　起初這會造成身體開始持續不斷地大量產生壓力荷爾蒙，隨後可能導致失眠、內心恐慌與血壓升高。身體內的倉鼠輪開始轉動起來，在持續不斷的過重負擔之下，我們的身體系統已經來不及製造與儲存荷爾蒙，以致於神經細胞缺少了能夠加工處理壓力的荷爾蒙，最後就連小因子都會造成身體系統的虛脫。

　　附帶一提，科學界尚未鑑別出特殊的壓力基因，而且估計在不久的將來也不見得會發生，這意味著，基本上各種無法克服的壓力形式，都會造成慢性過勞。

　　過勞涉及到全人類，我相信觀察一個人永遠要看整體，沒有任何人是全然只有工作或只有私人面向的。舉例來說，如果有人跟我說，他有個在工作上認識的生意夥伴，他非常瞭解對方的私人面向，這對我來說幾乎是不可思議的。同樣的，如果一個人在工作上是個憤世嫉俗的獨裁者，但私下卻是個非常溫和的人，這種角色我稱之為不自然，因此這種受到多方讚揚的「生活工作平衡方案」，我認為也要很小心的享受才行，人如果不是以真實的自我活著，就是在生活中當個差強人意的演員。

因此下面的觀察應該是就整隻倉鼠而言。

常常有人覺得自己猶如置身在一條死巷子裡並來向我求診，但並非所有人都有著過勞或筋疲力竭的問題，而是覺得自己幾年來或幾十年以來為了成功、幸福或愛情所做的努力並未達到想要的結果，甚至常常越是努力，目標卻離得更遠，而原因很少是來自個別的錯誤判斷或意外事件，反而是一種遍及所有層面的複雜衝突狀況，導致我們浮現出一種根本的問題：「我該怎麼繼續？我們該怎麼繼續？我的工作該怎麼繼續？」

在這種狀況之下，我喜歡和我的患者在全面的分析當中，一起制訂一個剛好可以回答這些問題的未來計畫，你可以期待：在本書的最後你可以製作一份自己的未來計畫，我們希望能稱之為倉鼠計畫。

讓我們回到問題點上：如果我們將上面提到的那些所有人都通用的問題放到我、我們以及工作上，那麼常常會因為太複雜度而使得這些問題無法回答，因此我們必須將這些問題分開討論，這樣才容易辨識：

- 個人部分：包含你自己的性格、才能以及心理狀態。
- 私領域：包含你的周遭環境、朋友、家庭以及圍繞在你身邊的人。
- 工作部分：包含你的工作、你的升遷、你的財產與退休

保障。

上述各部分如下圖：

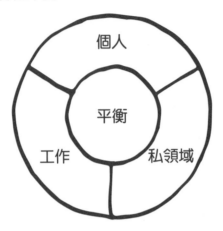

這樣的描述會讓人聯想到一個輪型並非偶然，而且這完全可與倉鼠輪連結在一起。

如果這三個領域是平衡的，如果我們整個人都感到舒適愉悅、私領域被安置得很好、有一個很滿意的工作，這樣非常有可能會出現一種均衡的感覺，在這種狀態之下人是不會想有所改變的。

不過所有領域都是環環相扣的，某個領域出現的改變必定會對另外兩個領域造成影響，如果你自己決定要在私領域或工作領域內改變些什麼，那麼你也非常有可能準備好去接受與製造其他領域的改變。

但是如果改變並非出於自願呢？或者三者平衡的感覺仍沒

有出現呢？那麼某個領域的煙火燃料就會被點燃，因為這些領域是分不開的，所以其他領域也會開始跟著轉動起來，由除夕夜或其他節慶很喜歡施放的火箭型煙火轉盤上，或許你曾看過這種情況：起初有一個輪子開始慢慢轉動，然後其他煙火燃料一個接一個被點燃，轉盤噴著火開始快速射出。

　　舉例來說：你的老闆要求你從現在開始也負擔週末的工作，你聽從了這個指令，因為你害怕如果自己拒絕這個「請求」的話會讓老闆不開心。結果你的另一半對你缺席週末的約會非常不滿，而你自己也不好過，因為你無法在週末好好的休息。就三領域的平衡來看完全沒有影響，而倉鼠輪則首次轉了一下，但這就只是第一次的轉動而已，還談不上是過勞呢！讓我們繼續看下去：

　　你發現只有你被分派了週末的工作，你的同事並沒有，你很挫敗，在家裡也很挫折，於是倉鼠輪又轉動了一次。有個朋友跟你說，他希望週末能再約你去喝個下午茶，因為工作的關係你回絕了他，倉鼠輪又轉了一次。你的另一半說，他和朋友有個聚會，沒算上你，輪子又轉了。星期一早上，你神經緊繃地去工作，沒有和老闆打招呼，輪子又轉了十圈。

　　你可以看到：倉鼠輪會因為不同的理由而轉動起來，不同領域當中的幾個原因請詳見下圖：

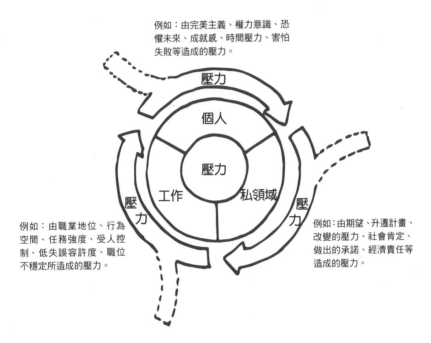

例如：由完美主義、權力意識、恐懼未來、成就感、時間壓力、害怕失敗等造成的壓力。

例如：由職業地位、行為空間、任務強度、受人控制、低失誤容許度、職位不穩定所造成的壓力。

例如：由期望、升遷計畫、改變的壓力、社會肯定、做出的承諾、經濟責任等造成的壓力。

如果我們繼續觀察這幅圖，就會清楚瞭解：

- 倉鼠輪可以轉動非常多次。
- 轉動太多次的輪圈可能因此而過熱。
- 壓力來源可能出自於我們本身，也可能由外界引起。
- 轉動次數較少的時候，可以非常容易的將輪子停下來（也許只是經由一個關鍵的決定）。
- 轉動次數持續增加，就越難保持宏觀。
- 如果轉動次數非常多，離心力可能變得相當大，並導致輪子碎裂，此時的輪子無論如何是無法停止的。

　　職場滿意度的研究已證實了一種關連性，即某人刻意（也許甚至是以卑鄙的心態）引發的事件，其所造成的影響會比壓力源更強烈，就好像我們因為一些不希望發生的或無法改變的狀況而背負上壓力一樣，如此一來，即便此狀況造成了內心嚴重的傷口，我們也能更好地應付。

　　如果我們回到剛剛提過的例子，也就是同事不用負擔週末的工作這件事，因為他和老闆的關係特別好，而且還在每個星期一炫耀著這件事，那麼比起所有員工都以同樣的方式被預先告知週末要加班，前者的狀況明顯是更讓人難以承受的。雖然兩種狀況的結果都是一樣的，都是要週末加班，但是壓力等級卻是完全不同的。

　　以員工的角度來看，這些體制問題、糟糕的領導階層、讓人無法理解的決定或朝令夕改等狀況，都會讓他們倍感壓力，而同事刻意為之的毀謗與霸凌則是壓力排行榜上的第一名。

　　壓力等級越高，我們就必須付出越多的處理代價，能夠被處理掉的壓力越少，熱鍋裡的壓力就會升得越高，若壓力是出自各個方面（強度各異），便可能導致最後完全沒有去處理，以簡單的物理原理來說，壓力永遠都會引發同等高度的反壓力，壓力不可能簡單地消失不見，而是必須經過處理、經過釋放。

　　因此我們可以這麼認為，以工作方面的壓力為例，無論其是來自個人領域或者私領域的部分，全都必須被正確釋放。所

以你可以透過像運動之類的活動來釋放工作上的壓力，而自己內心的壓力，則可透過自行在某處深呼吸來釋放，你同樣可以利用在公司裡發脾氣來發洩個人的壓力（雖然這對同事們來說不是件好事，但對你來說卻是種解脫）。

只有在找到平衡時，我們才能說克服了壓力。

如果我們試著在壓力產生之處去對付它，例如工作上的壓力試著以工作上的反壓力去處理的話，這會是很困難的，通常都難以產生效果，愛因斯坦曾說過：「我們不能用製造問題時的同一水平思維來解決問題。」

壓力的消化有時候對我們周圍的人來說會是不太舒服的，人們在選擇解壓方式時也是各有各的觀點，不過發洩壓力以及戰勝壓力由各種面向來看都算是健康的。

或許你會想寫封嚴厲的信告訴我們：不！我不認為有人可以因為要發洩壓力就對周遭的人造成威脅，這並不能當成解壓的藉口，發洩壓力應該有其他社會認可的聰明方式。

讓我們回到倉鼠輪……不……是正文，如果壓力再也無法找到出氣口，這會是很嚴重的事，我們可以具體地說，這樣壓力就會「侵入」體內，表現出其他生理現象。我們也可以說：未被戰勝的壓力是身心疾病的肇因，所以這樣的疾病可以被理解為潛意識對休息和療養的求救呼喚。

在一九七〇以及一九八〇年代的小說當中，大家熟知的胃

潰瘍是很典型的「經理病」（Managerkrankheit）。在那個時代，一個資深的經理，可能會因為名聲與尚待完成的工作而承受著心理上的不適，即便他已經無法忍受了，卻依然繼續工作著，硬是無視於身心已顯現出來的筋疲力竭症狀，直至身體產生了胃潰瘍而無法繼續工作才瞭解到問題的嚴重性。而員工們罹患的不一定是胃潰瘍，反而常常是腰痠背痛或椎間盤突出的問題，醫生會開具生理病痛的診斷證明，社會大眾也都認同於要臥床休息，胃潰瘍與腰背病痛則風雅地被當成了職場勳章。

如果壓力沒有被正確的處理，那麼總有一天精神上的負擔，就會大到摧毀掉所有堤壩，所有不好的情緒爆發出來且無法阻擋。若你試著在暴風雨中修補一座破損的堤壩，就會知道這是一場毫無希望的冒險。

人們口中的抑鬱（depression）其實就是一種洩壓反應，通常這種抑鬱會帶給身體、精神與心靈一段強制休息的時間，以本書的議題來比喻的話就是：倉鼠輪的輪軸會卡住，輪子會自動煞車。這樣的人已經無法再繼續向前了，光是單純地活下去都會變成負擔。

過勞是一種負擔過重的徵兆嗎？

「過勞── Burnout」這個詞已經明白點出了：已經燃燒起來的人有可能會燃燒殆盡。事實上，這可以歸納出一個結論：

只有負擔特別重的倉鼠，才有陷入過勞的危機。

我們並不想隱瞞這只是一半的事實而已，人們也可能在並未長期負擔過重的情況下，產生所有與過勞有關的病徵。

但是我們該如何區別呢？

如果自己的能力和被賦予的任務是一致的，對一個在職者來說，這就是最好、最健康的初始狀態。

你一定知道這種狀況：當你完全投入在工作之中，一切都很順利，而且你也獲得了很好的成果，那麼你的能力與任務就是一致的，這份工作做起來特別行雲流水，即便這份工作需要你大量投入其中，你也不至於筋疲力竭，因為你擁有完成這項工作所需的能力。相反地，如果我們長期背負著過於苛刻的任務，那麼我們就會「燃燒殆盡」。

有趣的是，如果我們長期背負的是過於輕鬆的工作，這對我們的心靈系統來說，也不見得是健康的。如果我們能夠付出某些東西，卻長期被忽視且不被動用，那麼產生出來的將會是另一種形式的壓力，讓我們懷疑自己存在的意義，這種長期不被需要的狀態，可能會產生一種「無聊症候群」的現象，直白地說，大概就是「無聊到生病」。這種病的病徵和過勞是一樣的，就連罹病後的結果也是類似的，得到這種病的患者大多都是公務人員、行政管理人員以及階級制度下的員工，因為他們接受著糟糕的上層領導方式，另外還有因失業而無所事事的人，

也可能罹患這種「無聊症候群」。

這同樣是一種需要關注的症狀，因為誰會想告訴身邊的人，自己得了「無聊症候群」呢？說出來之後非常有可能遭人嘲諷，進而引發其他的心理負擔。

性格結構的含意

「每個人都是不一樣的。」──這句出自德國的科隆嘉年華的格言，也適用於過勞症。

這種疾病的深層原因是壓力，不過每隻倉鼠身上的病況都不一樣，某些人似乎天生就特別容易淪陷，不過這並不影響這些人擁有「幫手型」的性格，最主要是內在的態度，這決定了你是否會遭遇或如何對待壓力與挫折感。

如果我想「幫忙」，而且我覺得有沒有得到肯定、讚賞或指責都無所謂，挫折感無法傷害到我，因為我能夠自我肯定，不需要得到外界的肯定，因此，沒有獎賞對我而言並不重要，我很願意跟隨我的內在動機。然而如果肯定對我來說是很重要的，並且影響到了我的行為舉止，那麼我就是中了獎賞之毒，如果沒獲得獎賞的話，很快就會意志消沉下去。「挫折」通常無法被視為過勞的觸發者，不過它卻可能用一種值得注意的方式導致過勞的產生。

舉個實際例子：有一位專案經理，他的工作量非常大，但

他很喜歡自己的工作，他不介意工作量，因為成為專案經理是他個人的決定。讓我們想像一下，出於某些不該由此人背負的原因，這個專案從半年前開始就不如預期般順利，於是造成了巨大的壓力，因為時間已經越來越接近下一次的客戶驗收期了，所以理所當然產生了許多壓力，使這份工作變得非常辛苦。

現在請你想像一下，這隻倉鼠希望對上層和參與專案的同事們隱瞞專案困境，他的動機可能是由於不想讓上司失望（或者公司並沒有正面的失敗文化），也不希望讓參與專案的同事們氣餒，這種「默默扛起責任」的做法，同樣隱含著巨大的潛在壓力，因為他可能需要演一齣戲，而且還不能自由地演繹。壓力等級因此達到了最高值，如果我們再繼續往下想像，客戶對目前的狀況並不買帳，而且也不再給予正面的回應（也許是因為最近發生了許多工作失誤），那麼隨著壓力等級的上升，挫折感也會跟著增加。

結論：在我們這個案例當中，無論這位專案經理是否在追尋肯定，壓力一直都在，但是否會因此導致挫折，則取決於他對獎賞（以這個例子而言是客戶的讚賞）的態度。

除了依賴肯定與依賴獎賞以外，其他對過勞缺乏抵抗力的性格結構還有這三種：

- 完美主義者
- 理想主義者
- 凡事都說好（也就是「無法說『不』」）

以下讓我們更深入地探究這三種性格。

完美主義者

完美主義者聲稱自己無論如何都能獨自將事情處理得盡善盡美，我在診療時常常聽到一句話：「在我向別人解釋事情該怎麼做之前，我寧可自己先去做。」接下來就會發生：這位完美主義者不太能擔起任務，而且往往很難將一份工作以適當的消耗程度去完成，他很痛苦，覺得工作永遠做不完，因為他不滿意於已經獲得的成果。之後論及帕累托法則（Pareto Principle）時，我們會再來談論這種狀況。

理想主義者

如果有個人帶著理想主義做事，或者還附帶背負上各種不同的義務，那麼當其他參與者並不一同參與或並不遵守約定的話，就有可能讓理想主義者非常失望，理想主義會迅速變成一個圈套，因為自我價值驅使著倉鼠投入大量工作，為其他人謀取利益，如果再加上官僚主義的死板障礙或他人忘恩負義的態

度，那麼很快就會產生挫折感。

凡事都說好

「凡事都說好」這個概念，我們通常會用來描述機會主義者，不過這種形式的「凡事都說好」完全不是我們這裡所要討論的，我們要說的應該是「無法說『不』」。

德語中並沒有這樣的概念，或許這是因為在我們的社會裡，說「不」並不受人歡迎，反而會被唾棄。無法說「不」的人會包攬所有事情，他難以拒絕別人提出的請求，這種人之所以很難說「不」，是因為他們覺得這件事會和他人的失望相連在一起，有時候他們甚至擔心會引發很嚴重的後果。但同時他們卻忽略了，如果實際上說「不」比較恰當的話，每次說出來的「好」其實就是在對自己說「不」，而且這很快就會侵蝕到自我價值感，他人永遠比自己重要、優先，這一方面會導致長期的自我懲罰，另一方面則會認為別人永遠都輕輕鬆鬆的，而引發自身的挫折，就算是普通的工作壓力也會繼續增長，因為除了自身的工作之外，其他攬在身上的任務也必須要去完成，因此常常會變成別人都已經下班了，自己卻還在工作，而這又會導致更多的挫折，就這樣繼續下去。

第 5 章

過勞症的特徵

我們現在要來看看過勞症的特徵,這樣你就能夠辨別自己是否該去撲滅個人的過勞之火(我們很樂意提供協助)。

在本章節中,我們會更具體地描述並且正式地將過勞稱為過勞症候群,所謂的症候群,指的就是一群擁有特定病徵的症狀。你馬上就會發現,我們將列出一些症狀,這些可能都是和過勞症候群相關的症狀。

警告(解除警報):你非常有可能會在此發現一些自己身上也有的症狀。不過別擔心!因為過勞症的概念非常廣泛,如果有人擁有其中一種症狀,這是非常正常的事。基本上這完全不需要擔心,這沒有威脅性,而是非常正常的生活日常。

也就是說,永遠要視全面的評估還有關連性而定,所以讓我們繼續看下去……

過勞症狀圈

如同前述：過勞症跟整個人有關，就像下面這個簡單的圖例所示，我們可以觀察到各種過勞症狀，有心靈層面的、身體層面的、人際層面的等等。

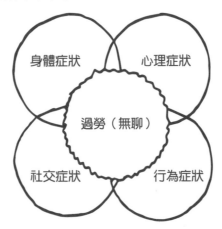

圓圈內各領域的症狀組成了核心的交集處，此交集則製造出「過勞症」（或是「無聊症」）。關於這方面我們已經說過了，越多領域產生症狀，而且症狀越多，過勞症的形成就越明顯。先把理論和圖示放一邊，讓我們繼續往下看，我們將做更具體的說明。

身體層面的過勞症候群症狀

身體上會呈現出許多症狀，但這些症狀也都可能在其他疾病中出現。

過勞症候群的身體症狀例子：

- 感到筋疲力竭
- 肌肉緊繃
- 頭痛
- 消化不良（會感到噁心想吐與痙攣）
- 胃痛、胃脹氣
- 心痛、心搏過速
- 頭昏
- 耳鳴
- 眩暈
- 睡眠障礙（不易入睡或睡眠中斷後難再入睡）
- 勃起功能障礙
- 免疫力下降（例如常常感冒）

　　如果你發現自己身上有相關症狀，為了澈底解決根本病因，自然應該要去請教醫生。罹患過勞症候群的人，常常會因為沒有明確的生理病因，而忽略了從源頭開始診斷，如果病痛真的沒有呈現在生理上，那麼就應該要查詢精神層面，但願能找到病因。

　　不過我們還要再更深入探究這些病徵，同時為各位講述幾個診療實例。

耳鳴

耳鳴常常會長期跟隨著燃燒中的倉鼠，這是一種耳中出現聲響的症狀。

若向我們周遭的人打聽看看，耳鳴有時似乎是正面的，因為尚未燃燒起來的倉鼠心中抱持著樂觀無知，耳鳴會像一種必然疾病般融入於日常生活中。

不論是嗡嗡聲、尖銳的聲響、嘶嘶聲、沙沙聲、喀嚓聲或敲擊聲，壓力會產生不同的耳鳴形式，當壓力增加時，那些被形容為持續不斷或間歇型的耳鳴通常也會增強。

耳鳴發生時，一開始會被忽視，暫時充耳不聞，這種耳中響起的鳴槍警告會在工作時被噤聲，因為人們還有更重要的事情要做。

根據研究發現，耳鳴產生於腦中而非耳中，人們認為這是腦中涉及壓力及情緒處理等相關區域的影響，例如：杏仁核，又名杏仁體。這些區域若出現故障，可能會造成記憶障礙、情緒認知失調、憂鬱症、自閉症、嗜睡症、創傷後壓力症與過勞等現象。

我們認為所有症狀都帶著信息，請不要忽略最初的或已出現的耳鳴，請試著去傾聽自己的內心，問問自己，這種耳鳴想傳達給你哪些關於你當前人生道路與生活狀況的信息呢？

突發性耳聾──心靈的靜音鍵

突發性耳聾和耳鳴一樣，對許多倉鼠來說都是「好的失聰」。「我什麼都聽不到了！」有時候我們非常想摀住耳朵，不再去聽那些吵鬧、叫嚷、討論、抱怨與廣告訊息，於是就像阿拉丁的神燈精靈說的：「你的願望就是我的命令。」耳朵要癱瘓了，我要躲起來休息！

文字遊戲玩夠了。在這種狀況下，耳朵究竟發生了什麼事？它（或許）又和過勞有什麼關係？科學家認為，突發性耳聾通常是片面地發生，而且沒有明顯的原因，輕微的聽覺喪失是單純的聽力障礙，嚴重的話可能會造成完全失聰，另外還有個說法：突發性耳聾也被稱為「耳中風」。

就這件事而言，值得注意的是：這種症狀找不到特定的觸發點或特殊的病因。突發性耳聾多半是突然發生在患者身上──即使有百分之八十的病例都曾出現過一種嗶嗶聲的預兆性耳鳴。

好消息是：突發性耳聾所幸不會帶有疼痛，但嚴重的話會產生眩暈感。注意：此時建議迅速就醫，如果突發性耳聾持續很長一段時間了，並導致真正的聽損，這時通常只能透過助聽器來補救了，因此我們不應該輕視突發性耳聾，它是一種警告，而且有可能會是一個陪你進入焚身之境的「安靜」旅伴。

除此之外，根據某些專家的說法，屬於高危險族群的還有

體重過重、高血壓、糖尿病、脂肪代謝障礙、吸菸者與倉鼠，因為壓力也可能是一種危險因子。

讓我們實際做個演練：請試著在親朋好友與同事之間做一個小型問卷調查，我們敢打賭，在你周遭的人當中，至少有一個或兩個有這方面問題的人，或者有人認識曾經有過一次突發性耳聾的人，在這個時代，突發性耳聾已經隨著它的高發生率成為新的流行病了。那麼，這究竟和「過勞」有什麼關係呢？或許你已經想到了吧？

掉拍了——心律不整

持續的壓力是造成心律不整的原因。心臟會掉拍，心律不整可能是短暫發生的，也可能會持續發生，而且這也會造成心房顫動或心肌梗塞。

心律不整不一定都是危險的或必須治療的，不過也只有醫生能對此做出判斷。但能確定的是，如果你覺得心臟有點不對勁的話，那麼就一定要聽聽它的聲音（這裡指的就是字面上的意思），同時要更頻繁地停下來休息！

對待所謂的「抽搐」也要用同樣的方式。

抽搐——到底在抽動什麼呢？

有些人可以由自己眼皮是否不受控地抽動來判斷出自己的

受壓程度，這就是人們說的壓力引起的抽搐。

或許你偶爾也會發現眉毛、手指或肩膀抽動的現象，這可視為壓力過重的警告信號，直到壓力下降後，過一段時間，這種抽搐通常就不會再出現了。

如果你發現自己身上有這類抽搐，可以將它視為一個「你需要休息了」的暗示，然後你會發現：休息一下並不會造成什麼損失。

掉髮現象

「讓人頭疼到想拔頭髮。」是句德國俗諺，而事實上，壓力造成的新陳代謝障礙是有可能造成掉髮現象的。

一天掉了一百根頭髮是很正常的事，但是如果梳子上出現了一大束頭髮或者頭頂禿了一塊，也可能是高壓造成的。好消息是，這種現象也會改善：某隻火焰熄滅後的倉鼠曾說過，在他轉換了人生跑道後，他的頭髮又開始冒出來了，而且這完全不是因為用了咖啡因洗髮精或其他生髮用品的緣故。

嘗試改變絕對是值得的，不是嗎？

身心症

現在要說些較複雜的（一些較專業的）症狀了。所謂的身心症指的是，身體上顯示出症狀，但卻找不到身體上的病症根

源。這概念牽涉到那些無法刻意控制的症狀，如腹痛、暈眩、嘔吐、拉肚子、呼吸困難、胸痛、性功能障礙、月經失調、皮膚問題、關節炎等，而神經性的病症如運動機能喪失、抽筋、昏厥、失聰或失明等則是比較受到重視的症狀，其被稱為轉化症或解離性障礙。

由於上述的病徵都可能源自於某一生理疾病，因此在能夠想到身心症之前，會讓人覺得這應該只是出於生理上的疾病，所以絕對需要進行各種檢查。

如果病因是心理上的負擔，但病人自己和這個病因是有距離的（他在某種程度上與之「解離」），這個病因被他無意識地「轉換」成了身體上的不適，因此最根本的心理負重並未被處理，而是遭到了否認或壓抑，並且透過身體去負擔。如果身體上的不適原因經常都與被壓抑的心理負重有關，那麼這就是人們所說的「象徵性壓抑」。

你應該已經在本書中認識了幾種身心病或轉化症，如耳鳴或突發性耳聾等。這種類型的轉化性心理疾病之所以會常常發生，其原因可能是由於我們的社會比較會把身體病痛當成工作過勞的後果，而非心理上的問題。我每天都會聽到來看診的病人說，他們都曾聽過周遭人對心理負擔的回應，多是類似「你就別大驚小怪了！」這種說詞，這樣的社會環境甚至造成我們的潛意識以生理的病徵來表現出心理的負擔。

新陳代謝疾病

　　長時間且無法克服的壓力也可能導致新陳代謝方面的疾病，新陳代謝是生物體內維持生命的化學反應複雜機制。

　　當我們給自己施加太大的壓力且太少修養生息時，這個系統就會失去平衡，結果就是：身體的養分平衡受到損害而造成混亂。這樣充滿壓力的生活型態，加上不恰當的飲食，可能會導致壓力荷爾蒙的加倍釋放，並從體內大量流失特定的礦物質，而常常導致營養不良，這種營養不良的徵狀，可能會以不同的方式呈現。

　　如果經常覺得疲累、感覺身體被掏空，這只是體內的鎂、鋅及鐵含量太低而已，若處於大量工作與壓力的階段，這些攸關生命的物質當然就會有相對高的需求量。但是如果只是透過營養品來給予身體營養，而其他生活模式仍舊維持不變的話，這樣是不行的，最好要有意識地注意飲食健康：多吃蔬菜水果、選擇少油、高纖的食物，而且盡可能是新鮮的天然食品。

　　不過，如果能坦然面對病因，同時堅定地去處理壓力源並試著解決，將會更有幫助。

兩眼睜開！當你睡不著的時候

　　躺在床上輾轉難眠。除了長期睡不好與早上起床後還是覺得睡不夠之外，另一個進入過勞的警訊就是容易睡到一半醒來，

醒來後便無法再次入睡。

脳袋不停地運轉，即使努力地想停下來，但它卻繼續轉動著並帶走睡意，那雙不得安寧的腿（請見 P.55）站在了黑暗之中，反覆思考著難題，或試著找到答案——可惜都是些沒有解答的問題。

至於半夜運轉不停的腦袋，將變成另一個可怕的倉鼠輪。你雖然會在某個時刻幸運地睡著了，但過了幾個小時後，卻又會非常疲倦地醒來，基本上在真正展開新的一天之前，身體機能便已經開始運轉。

於是你或許會選擇透過咖啡、巧克力棒和香菸來撐過這天，並期待著晚上躺在那張救贖之床。到了入睡時間後，卻又……準時地在半夜兩點醒來，長時間持續下去將會讓人受不了，因此剝奪睡眠被當成一種十分有效的酷刑，並非沒有理由。

那該怎麼辦呢？其實有個已被證實的有效方法：將忙著搗亂腦袋的東西寫下來。在床邊放一本筆記本和一枝筆就可能製造奇蹟，因為腦中的想法被清出去後，再次入睡會變得容易一些。例如我自己（阿克瑟·貝格）遇到這樣的狀況，我會利用 iPad 來解決，如果是關於公司的事情（例如我害怕會忘記的事），我就會寄一封 E-mail 給自己，接著我（通常）便可以安穩地再度入睡。

但是如果你正深陷在思緒鏈的輪迴中，而且不斷地重複糾纏著，導致這樣的作法也沒有用的話該怎麼辦呢？你也可以藉

由「數羊」的方式來轉移注意力。

附記：這段文字是在凌晨 4：28 寫的，我又睡不著了，我們可以從這件事學到什麼呢？我們不會因為寫了一本關於「過勞」的書，就不會受到這種事情的侵擾。不過我們會更小心謹慎，知道要更好地去處理壓力，並使用一些小技巧來解決過勞問題。

不寧腿症候群

不寧腿：不安寧的靈魂，不安寧的腿——無止盡地在倉鼠輪上奔跑！這也是一種燃燒中的倉鼠的長期夥伴。不寧腿症候群（Restless legs syndrome）簡稱 RLS，指的是腿上擾人的不安寧，有一種很難壓制下來的、想一直動的衝動。

這種病症讓已經筋疲力竭的倉鼠很難入睡或睡飽，因為這樣的徵狀通常在人體放鬆時才會出現，也就是要下班時或就寢、入睡之前。

由於睡眠不足經常導致慢性疲勞、筋疲力竭、沒有動力、注意力不集中、煩躁不安、眩暈或健忘，除了一般的效能下降以外，恐怕還會有過勞或憂鬱的問題。那麼造成這樣的原因是什麼呢？這又會有什麼影響呢？

除了各式各樣的病因之外，也有一種特殊的心理成分，這是我們想更進一步說明的地方，因為我們認為它和「過勞」這個主題有著直接的關聯性。

正如我們已經多次提及的，這些症狀會為患者帶來一些信息，因此我們認為不寧腿症候群也可以往好的方向來說明（雖然事先已經做過診斷了）：本我，或者用更好的說法，是潛意識裡一直忙著處理目前生活中的負重問題，而且還是一些我們最希望能逃離的問題。

若誠實地回答這個問題並給予適當的行動，那麼這種病症就有可能得到改善，或是迅速消失不見。問題既然已經產生了，那麼疾病也會跟著產生，說的比做的容易，不是嗎？

不寧腿和倉鼠輪的關係當中還存在著一種隱喻：「每當這個惡魔之輪不停地轉動並且越轉越快時，我就應該以上帝的名義平靜下來。」

理智和身體要求休息和放鬆，但是潛意識裡，我們的腦中電影，也就是我們的內心，卻不讓我們平靜。那麼，有什麼方法能夠改善這樣的狀況呢？就是「談話」！利用治療性談話或與某人敞開心扉進行談話，都是有效改善不寧腿症候群的重要基石，於此同時，可能還會談論到「過勞」這個完全未被考慮到的議題。

但是狀況很緊急的話該怎麼辦呢？心理治療師一定不希望每晚都接到患者的電話。即便症狀可能很快又會復發，一開始試著動一動通常會有所幫助。為了勉強撐過一個又一個的夜晚，可以持續做一些屈膝動作、冰敷你的腳、泡腳、腳部按摩或散

步（請同時注意一下你的腦中小劇場！）等。還有一般的預防
措施，如避開（過多）咖啡、酒精、粗重的體力工作等，這些
都可以減緩輕微的不寧腿症狀。

心理層面的過勞症狀

讓我們小小跳躍一下——從生理跳至心理層面。心理層面，
也就是精神層面，同樣會出現許多症狀。

不過這裡也表示：各種症狀本身都不是過勞症才有的，這
些症狀也可能出現在別的病症之中，但是在累積了一堆症狀後，
就應該要開始好好思考一下自己的生活模式了——是思考，而
非沉思！

 過勞症候群的心理症狀例子：

- 極度抗拒上班（但從前很樂衷於工作）
- 情緒震盪
- 壓抑情緒——甚至是抑鬱
- 恐懼與恐慌
- 挫敗感
- 沮喪、興趣缺缺
- 注意力不集中
- 失語症
- 猜疑、想法偏執
- 具危險性的絕望感、失去希望
- 徒勞感
- 自殺念頭

上述各點當然也都絕對需要經過醫生來判斷病因，因為這些症狀也有可能出現在其他生理疾病中。

除此之外，過勞和憂鬱症兩者通常難以界定，往往要經過檢查才較能做出判斷，因為憂鬱症發作是過勞症候群中最常出現的診斷結果之一，這個部分我們之後還會再來說明。

特別值得注意的是，過勞症很有可能讓人走向死亡，如果情況看似無望，而且身邊又缺少陪伴者的話，患者就會透過「結束生命」的方式來尋求出路。像是「我無法繼續下去了」、「我沒有辦法了」、「情況永遠不會變好」、「我已經到盡頭了」……諸如此類的話語都洩露出患者真正的心聲，這絕對不能一笑帶過，而是要問問他們為何有這樣想法。誠如我們在前言中提到的，寧願多看一眼、多問一句，這絕對是值得的。

幻想破滅、無助、懷疑和不信任——
沉默的過勞之火催化劑

你知道什麼是盈利警告[註1]嗎？這聽起來頗具威脅性，不是嗎？不久前我坐在車裡，聽到某德國車商發表了盈利警告，當時我真的覺得很害怕，我很擔心德國的經濟，因為福斯公司真的提出了警告，人們賺取的利潤將會比計畫中的更少。利潤減少，這非常戲劇化，你應該知道「利潤」指的是收入扣掉所有

註1　盈利警告：上市公司透過證券交易所，向投資者發出的警告聲明。

支出後剩餘的部分。基本上這是件好事，而我卻因為這則「恐怖通知」而擔心起來。（「擔心」，即自己製造煩惱，很多真理都來自於我們的言行。）

負成長其實是種美好的概念，只是要藉此讓你知道：開車時，我從 A 開往 B 的過程中，我的油箱也是負成長。另一件也很棒的事情是：我那輛全新的二手 BMW，甚至在我轉到節能駕車模式並按照說明書操作時，會顯示出我使用了比預期少的汽油量以及總共開了多少公里。讓人驚訝的還有這輛車的運動模式……啊，不提了，我們回歸正題吧！

我們到處都能在某個化學製品上看到的「環保」標示，此概念究竟意旨為何呢？我從來就沒搞清楚過，難道這些商品不是更應該標上「基本上會對環境造成傷害」或「比 XXXX 對環境的傷害更小」嗎？又或者：當我幫某位客人訂購止推軸承（機械系統中的固定機件，以減少磨擦）時，我可以訂購一個附有「無碳排放量合格小標章」的化學製品，這樣做的目的是什麼？是為了拯救環境嗎？為了保護環境，不再免費供應塑膠袋，是否會造成消費者只局限思考自己的荷包問題呢？那如果改成完全不去製造垃圾呢？啊，我忘了會有失業的問題。

還有一件事你一定也不陌生：水果優格裡面不是一定會有水果。德國知名果汁 Capri Sun（直翻：卡普里陽光）裡也沒有陽光，更別說那一點水果了，這點大家心知肚明。另外，為什

麼包裝上畫著北德捕蝦船的商品，裡面卻可以裝著泰國養蝦場的蝦？答案是：因為法律上並沒有明文禁止。或許是這樣，不過總結來說：愚弄消費者這件事，就是由人們製造出來的，而最荒唐的是，消費者們也是罪魁禍首之一。

透過媒體、網路等無數的報導與爆料，人們清楚意識到對自己和彼此（在我們扮演的各種角色中）所做的事是什麼，為什麼要這樣做？因為一個（金錢與利息）的系統，它或多或少會在不被察覺的狀況下變得獨立，並且使人們與地球聽命於它。

我們多少會無言以對地看到，銀行家、政客、國際足聯高層與總裁們並未被追究責任，動物們被大量養殖與折磨（據說是因為消費者想要便宜的肉品），而農人們則把他們擠的牛奶倒在田裡，因為他們「不能」再生產價格符合市場需求的牛奶。難道我們全都被動搖了嗎？或者更確切地說：那麼多人都在燃燒，這是個奇蹟嗎？

對心理衛生來說，這些舉止全都很危險，因為每個有感覺的人都本能地知道，很多事情都出錯了。

舉例來說：請去看看說客、協會代表或政客在政治談話節目上的樣子，我們可以察覺，這些人當中有很多人對自己所宣稱之事（他們必須這麼說，因為這是他們的工作啊），自己常常是不相信的（或者不再相信），他們支吾搪塞、立場游移，而那位「強硬」的記者也並未提出重要的問題，就這樣讓他們

闖了過去，因為如果不這樣做的話，這些人就不會再來上節目，於是記者們不提出評論。順帶一提，這些主角由於常常（被迫）說出和做出與自己信念相左之事，所以他們也是危險的過勞族群，這些人當中的一大部分人有一天可能會撐不下去，他們將會生病、燃燒或退出政壇。

我們是在扯自己後腿啊！很多政客已經忘記了，他們的工作其實是要為人民以及人民的利益發聲，而不是他們自己的利益。火已經燒到了所有角落，而我們卻才告訴彼此：用水去澆熄並不能解決問題！

我們人類能感覺到別人在欺騙自己或迴避事實，而且這會在我們心中（有意識或無意識地）製造出一種不好的感覺，幻想破滅、無助、懷疑、不信任——火因此被點燃了，暗自悶燒著，導致內心燃燒起來。

阿克瑟！你現在不就已經好好地把某個人搶救出來了嘛！我完全同意你的說法，我每天看診時都能聽到這句話：「我從一開始就感覺到了（我正走向過勞）。」說完之後，通常後面就是在描述個人的不愉快。所有人心中都配有一個標示好與壞的羅盤，它就是「良知」，如果我們總是選擇違背自己的良知、違背內心的警告聲，就會使這個羅盤錯置，並將我們帶往一個心靈再也感受不到喜悅的地方。這種狀況並沒有簡單的答案，我們沒有「羅盤定向靈藥」，調整方向最重要的就是，我們是

否與自己的內心保持一致，或者只與別人認為合適的行為保持一致。如果在決定是否贊成或反對某事時，心中出現了一種不好的「預感」，那麼我們就應該跟隨這個預感。而且我們也能夠透過多次觀察事情來做出各種評估，我們是人，不是機器，透過讓「預感」傾聽內心的方式，我們可以重新校正我們內心的羅盤，我將在討論「刺激與反應」的章節中，更詳細地描述這個過程。

最後：若想自由地做決定，沒有比「與純淨的良知為伍」還要更簡單的方式了。

行為層面的過勞症狀

讓我們再向前邁出一步：這只是小倉鼠的一小步，但對於全部的人類來說⋯⋯

大部分被視為是心理或生理層面的病症，也可能會表現在行為上。

行為層面的改變通常會先出現在私生活中，另一半會察覺某些事情不太對勁，畢竟他就是第一個直接受到影響的人，但是像「你變了」這樣的意見，卻又常常遭到當事人的反駁，甚至往往還是以不太好的態度說的，有時候是因為失去理智，有時候也是因為找不到發洩的出口，而且不想被人看到自己的弱點。

在職場生活中，工作成果是受到控管的，你會注意到工作

過勞症候群的行為症狀例子：

* 明顯食用更多的「日常毒品」，如酒精、尼古丁與咖啡因⋯⋯或糖
* 飲食行為改變、暴飲暴食
* 賭博成癮（包含網路賭博遊戲）
* 性行為改變
* 攻擊性提高
* 工作頻繁缺勤
* 效率降低
* 在處理事情的過程中出現較高的失誤率
* 拖延症
* 明顯的憤世嫉俗、愛說些諷刺話的黑色幽默

效率變差或是出現較多的失誤，這種已經進入過勞狀態而產生的影響雖然還能掩飾，也能在同事或主管面前隱藏起來，但總有一天，這些失誤或效率降低的情形都會被人發現。除了尷尬感以外，再加上自我價值感的降低，就可能導致深深的羞恥感，並出現一種明顯可見的攻擊性（有的時候也會轉嫁到家人身上）或出現退縮行為，此外，對某物上癮來逃避現實也是很典型的反應，特別常見的就是酒精成癮。總之，當事人是在尋找能抵消挫折的方法，卻因此陷入了一個使痛苦更加擴大的漩渦。

這些資訊還不夠嗎？在接下來的幾個章節裡會有更多相關內容。

能量飲料、安眠藥與古柯鹼──本書最短的章節

僅僅是為了形式而提：使用毒品、興奮劑、油炸食品、麻醉品或鎮靜劑，如古柯鹼、能量飲料、香菸、大麻、（葡萄）糖、搖頭丸、酒精、小熊軟糖、迷幻劑、安非他命、安眠藥、洋芋片、大量咖啡或巧克力等等類似食品，都不會讓所有事情變好，不過這本來就是不言而喻的。

毒品或化學食品是沒用的！那什麼才是有用的呢？像是：蘋果、香蕉、奇異果、葡萄、鳳梨、櫻桃、覆盆子、李子、梨子、桃子、番茄、堅果、馬鈴薯、蘆筍、黃瓜、豌豆、洋蔥、大頭菜、根莖類、花椰菜、甘藍菜、節瓜、雞蛋、水……

這一長串有益健康的食物就羅列到此吧，否則這將不是最短的一個章節，而會變成最長的章節。

憤世嫉俗──預警系統

每個人生命中總有某些時刻會開始對自己提問，有的人問人生的意義，有的人問說：「我究竟在這裡做什麼？」，還有人問為什麼自己的人生總是一再受挫？或是問我們的國家出了什麼問題？甚至是我們的地球出了什麼問題？氣候到底怎麼了？基本上這些問題都是相似的，它們全都是在問「為什麼」，我們相信：每個人一輩子總有一天會對自己提出這種問題或類

似的問題。

人們開始對自己提問，多半是在陷入危機或生了病的時候，而且大多出於一個很普通、很簡單的原因：我們終於有時間了，有了給自己的時間，有了思考的時間。我也常常對自己提出許多不同的問題，這很辛苦，而且很少會有答案，我就是忙著做這些。

你永遠都有選擇權，我們也永遠都有選擇權，可能性是無窮無盡的，如果某事在紐約行得通，那麼在哪裡都可行。走向海外，動身前往某個機會不受限的國家，行囊裡：沒有錢、沒有計畫、沒有外語能力，電視觀眾正看著直播，你在這裡辦得到的話，到哪裡都辦得到，每個人的機會都是均等的，你就是下一個賈伯斯，你辦得到！你只是必須真的想去做。不運動而靠一大堆補充品來獲得平坦的小腹？沒問題，而且你還能在沙發上保持活力——感謝新的減肥法，吃著漢堡、煎餅和啤酒，七天還能減掉兩公斤！

停！在這裡我們要做個短暫思考，上述種種通常只是短時間有效或甚至完全沒效。那麼，把酸言酸語放一邊，讓我們重新嚴肅看待。這個章節應該要向我們說明什麼呢？這章節裡有著酸言酸語、受到壓抑的怒火，這是作者們隱藏起來的呼救。

為了我們之中那些踩著倉鼠輪，卻不知道何為憤世嫉俗的倉鼠，無所不知的維基百科（德國維基百科）是這麼解釋的：

「現今通俗用語裡的酸言酸語，意指一種尖酸的嘲諷態度、思考模式與行為模式，且常會刻意地去蔑視他人的感受或社會風俗習慣。」換句話說就是：我不在乎別人，我只在乎自己。而且這個世界本身以及那個被稱為人類的可悲物種本來就無可救藥——跟我有什麼關係？

用語過當，請見諒。

許多專家都認為，憤世嫉俗與過勞有直接關聯，當患者遇到一些自己無法順利應付的狀況時，酸言酸語就會被當成自我保護，而且常常是最先能被看出來的反應。

挖苦別人是為了保護自己的感受，因為會去挖苦別人的倉鼠多半是些非常敏感的人，他們非常投入在自身的事情當中，卻也因此而不太容易將自己的情緒或鬱悶說出來、釋放出來。

如果長期下來對所有事情都產生了一種情緒上的距離（即使是那些通常能使人覺得有趣或喜悅的事），那麼這隻倉鼠就會非常危險，他完全失去了與自身情緒的聯繫，而結果則是：在挖苦階段之後，早晚都會出現崩潰現象。

警訊：沒「性」趣！

這個章節也可以用一句俗話來總結：失落由失去「性」趣而生。這句話同樣可以倒過來說，但僅限局部。

過勞症候群真可謂「性」趣殺手——背負著壓力的倉鼠陷

入「性」趣缺缺的狀態，對某種隱約可見的病來說，失去「性」趣常常是最先能真正感受到的警訊。

如果我們感覺對自己的另一半不再有性趣，這背後可能隱藏著心靈的不快或疾病，對站在通往過勞之路的倉鼠來說，這絕對不是不典型的現象，因為已有證據證實長期壓力會降低性荷爾蒙的製造與含量，所以身體會對性刺激比較沒反應，甚至可能會完全失去性慾。

套一句動物攝影師海因茲・西爾曼（Heinz Sielmann）的話：「原本很活躍的小動物，也可能突然就連最有吸引力的異性也拒絕不碰。」倉鼠縮回了他的窩裡，試著喝一、兩瓶啤酒，然後窩在沙發上看電視休息，好讓他那失去平衡的能量能重獲平衡，對他來說，親密接觸在這個階段是不舒服甚至是厭煩的。

除此之外，承受著壓力的倉鼠在這種狀況下會比較不在乎自我疏理與照顧身體，就連哺育幼兒與整理房子也都常常只是漫不經心地處理一下而已。

重要的是（患者的另一半也應該要知道）：這種行為並非由於愛意減少了或是心懷惡意，而是為了調節或拯救自己的能量。另外，藥物的服用也須多加注意，因為精神病藥物很有可能產生副作用，除了體重過重或經常做惡夢之外，性障礙也可能是其中的後果。

沒有性行為也不是辦法，建議要及早反應，看到類似問題

浮現就要馬上行動起來，在來得及處理時解決問題、清除根本之因（壓力、負擔、不滿足、失意），畢竟這關係到愛情、愛慕、性方面的樂趣與愉悅，是一件美妙的事。

附帶一提：也有可能發生完全相反的情況，即把「性」當成一種「發洩」，這同樣也可能是過勞的徵兆，倉鼠（無論男女）利用性行為或出軌來平衡自己的壓力並不少見。在這種狀況下，愛與不愛倒是其次，重要的是要洩除壓力（不過能不能獲得另一半的諒解，就是另一回事了）。

社會層面的過勞症狀

如果某人突然表現出不一樣的行為模式，或是周遭人預料之外、未曾見過的行徑，那麼很快就會對當事人身邊的環境產生影響，並顯示出社會層面的過勞症狀。

 過勞症候群的社會性症狀例子：

- 對顧客或客戶失去正向感受
- 逃避與顧客對談
- 抗拒通電話與拜訪
- 隔離與退縮
- 婚姻問題與家庭問題
- 變得孤獨

當過勞症越來越嚴重時，那些或許能給予幫助的人常常會離當事人而去，因為他傷害了、得罪了或拒絕了那些人。

在過勞症患者最多的職業當中，也就是施助與提供支持的職業，願意承認自己的問題並接受幫助的人並沒有特別多，因此產生了一個惡性循環，導致光靠單打獨鬥也很難擺脫這個疾病的局面。很難但不代表不可能，在這種情況下人們可能會犯的主要錯誤是不去求助，因為這是有幫助的方式啊！

身為一隻燃燒的倉鼠，我們還能夠做些什麼呢？

在前幾個章節裡，我們提到了燃燒中的倉鼠可能會出現哪些症狀，同理可見，這些症狀並非過勞症特有的，這些症狀也會出現在其他病症中，接著我們就來說說這幾個疾病。

憂鬱症

憂鬱症本身就是一種擁有病理價值的疾病，由於患者人數眾多，而且以各種形式分布在不同社會階層裡，因此相關文獻非常多，所以我們想簡短地聚焦在這種病痛上。

就憂鬱症的生成來說，我們要從所謂的「多重弱點」說起，「多重弱點」這個詞基本上就意謂著，在大部分的病例當中，我們無法找到一個明確而單一的病因，除了憂鬱症體質之外，個人生理上的以及其他的原因都要列入考慮。

憂鬱症發病的過程是分段的，也就是說，每個憂鬱症階段都會有結尾。雖然大部分患者都知道這件事，但是每當再次發病時卻無法因此而獲得慰藉，憂鬱病程發作時，常常讓人感覺沒有結束的時候，也會覺得找不到情緒出口，這使得狀況又更加嚴重。

常見的一種憂鬱症症狀（或者更明確一點說：一種憂鬱症病程）是一種被壓抑的情緒，甚至是所謂的無情感。絕望、沒有出路、覺得末日來臨，一切都是灰色的，這無法與我們都曾有過的藍色憂鬱相比，藍色憂鬱會過去，明天的太陽依舊閃耀，而憂鬱症卻是一直持續存在著早上醒來時，太陽不會閃耀，永遠不會，明天不會，後天也不會的心情。太陽什麼時候才會閃耀？太陽是否會再度閃耀？不知道，這使得憂鬱症患者陷入更悲傷的情緒，此外還常會導致失去興趣、缺乏動力以及疲憊感加重等問題。

身體方面的症狀也可能會隨著憂鬱情緒問題一起出現，如：關節炎、頭痛、背痛、消化系統問題與心痛等。也有一些形式較特別的憂鬱症，它會以明顯的行動欲來展現，心理病症轉變成了一種幾乎是強迫執行的身體活動（但也並未因此就解決問題），我們稱這是一種不安寧式的憂鬱症。

憂鬱症和過勞症之間的區別常常無法明確辨清，因為症狀都很類似，而且憂鬱症的導因也可能來自壓力，不過過勞症的

原因能夠歸納出來，而憂鬱症在這方面往往卻無法辦到，因此這也能解釋為何在罹患過勞症的情況下，常常也會診斷出輕微、中度或重度的憂鬱病程。

適應障礙

人生無常，有時候能夠制定計畫並有意識地按計畫實行，但有時候卻是突發且超出預期的。針對新的狀況，人們必須去適應、去妥協或者將之塑造成對自己有利的情況，通常這麼做都會成功，因為我們從出生開始就必須使自己去適應無常的世界，而且我們還做了一些練習，不過有時候那些已經學會的方法並不足以控制新的狀況，我們會遭受壓力，倉鼠輪開始轉動幾圈，而且可能會出現一些過勞症的症狀，如果能夠找到某個明確造成壓力的原因，那麼有可能就是適應障礙的問題了。

對於已改變的生活狀況或壓力源無法做出適當反應時，就會出現適應障礙，這表示很難去適應已改變的生活狀況，而且在過了一段較長的時間後：情緒、工作效率，以及人際關係等面向都出現了明顯的問題。

適應障礙可能會因為小小的改變而產生，例如家裡養了一隻寵物，也許是隻倉鼠（雖然我們在這邊玩文字遊戲，但實際上這裡指的就是一隻在家裡占有一席之地，使家人們的生活不

斷改變的寵物），也可能經由巨大的改變而產生，例如換工作、另一半離去或者即將分離等。

重要的是：所有適應障礙都能歸納出一個緣由，反過來說，如果找不到緣由，那就是沒有適應障礙。除此之外，適應障礙還有一個明顯的特徵，即它是暫時性的，最晚在過了六個月以後，症狀應該就會緩和下來。那麼我們或許可以說，每個人一生當中都會經歷一些反映出適應障礙的事情，畢竟人生並不輕鬆。

事實上，許多人都可能留著對某些事件（如分離、摯愛之人離世等）的記憶，要消化這些事情得花上一點時間，但總有一天，當你想起這些事時，心將變得不再那麼痛，通常我們所需要的消化時間，實際上是六個月。

因此對大部分的人來說（我們先前就已經提到有關壓力的敘述）：即便是高度的壓力也可以被克服。不過有時候壓力來得很突然，而且巨大到就連最完美的抗壓機制都無法應付，以致於我們幾乎容易被突發的事情所擊倒。如果這個突發事件是遭人刻意引起的，那麼適應障礙就非常有可能發生。

在對抗適應障礙方面，穩固的社會網絡和抗壓機制的產生都是很重要的，就這點來說，適應障礙的療法基本上和我們即將在下一章節介紹的「分段過勞療法」並沒有什麼差別，不過我們還是要先提供一些有關纖維肌痛與心肌炎的訊息給各位。

纖維肌痛

纖維肌痛是一種慢性病，身體不同部位的肌肉或肌腱會產生疼痛，特定的部位可能會因按壓而痛覺變得更敏感（也就是所謂的壓痛點 Tender Point），同時還常常伴隨著疲勞、暈眩、睡眠障礙、注意力不集中、缺乏動力或畏寒等症狀。

許多罹患了纖維肌痛的人都有過長時間找不出病因的經驗，因為他們的疼痛感並沒有什麼特點，而且 X 光或超音波也常常照不出什麼明確的結果，因此工作力下降或其他上面提過的附屬症狀，反而會在這種病一開始發作時被注意到，而導致被推測為過勞症。

纖維肌痛必須經過仔細觀察該病患的狀況後才有可能確診，如果壓力減弱以及壓力源解除後都無法獲得明顯好轉，那麼就應該不會是過勞症。

心肌炎

這裡提到的心肌炎有以下的狀況：易罹患過勞症之人常常會疏忽身體傳送的警訊，因此比起透過適當的方式做出反應，身體反而比較會去利用感冒（或流感）來證明自己的強壯。正常的感冒反應應該是：感覺到身體變得虛弱，無法正常運作，並因此降低了負重量，甚至要躺在床上 —— 但這對倉鼠來說卻不是這麼一回事！

我們必須要知道：心肌炎通常是由病毒或細菌所引起的，除了流感的典型特徵以外，如果還有持續增加的疲勞感、身體虛弱或在勞累時感到呼吸困難等症狀，那就得考慮是否有罹患心肌炎的可能性了。

筋疲力竭與下降的負重量經常是急性心肌炎一開始發作時的唯一徵兆，就連一點點的疲勞都會很快地使許多患者耗盡精力，並可能導致食慾不振與體重減輕等症狀，除此之外，四肢與頭部都會感到疼痛，而且還可能讓肩頸承受放射狀的痛楚。

流感對身體來說是種很大的負擔，而且基本上只能靠休息靜養才能恢復。在這個講求效率的社會裡，小感冒可能不被認為是需要認真看待的疾病，但小感冒仍應該被認真看待。請想一想我們之前做過的比較，把感冒描述成腳後跟上的水泡，心血管系統為了讓身體康復而非常忙碌地工作，倘若我們拖延了感冒（或流感），也就是不將它醫治好，那麼就可能影響到心肌系統並使它發炎，最後可能會導致生命危險。如果使用了錯誤或者不完善的治療方式，也有可能留下後遺症，造成工作力長期受到影響。

事實上，心肌炎並非過勞的症狀之一，心肌炎好發在「喜歡」壓榨自己的人身上，而它卻和過勞症一樣有著相同的影響目標群。重要的是：如果你的工作力由於類似感染等問題而受到了影響，那麼就請你好好保重身體，壯烈犧牲是沒有意義的。

Part 2

走向過勞

倉鼠是很容易燒起來的

我究竟到什麼程度了？針對這個問題，我們現在要
來為你介紹一個「過勞模組」。每個階段都可以藉
由適當的措施，來達到「火已滅的倉鼠」階段。

章節前導

解釋了這麼多是為了先進入主題，如前面所述，出現某種症狀並無法構成過勞症候群，列舉出的症狀雖然能讓我們瞭解這些病徵的廣度，但卻無法估算出我們或許（已經）患上了何種程度的過勞症候群。「我現在應該如何處理？」關於這一個又一個的症狀，倉鼠會提出這樣的疑問──我究竟到什麼程度了？

針對這個問題，我們現在要來為你介紹一個「過勞模組」，我們已經透過這個模組，在臨床上得到很好的經驗。此模組能夠初步評估出（非最終診斷！）患者是否、正處在哪種程度的過勞症之中，同時還告訴你該怎麼做才能避免問題加劇。

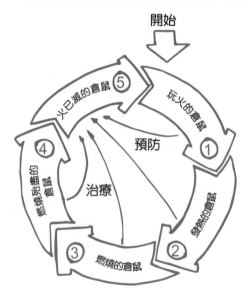

　　上圖呈現的過程不一定會按順序發生，實際上也可能跳過某些階段。此外：每個階段都可以藉由適當的措施（這些措施我們可以總稱為預防與治療）來達到「火已滅的倉鼠」階段。

　　如果過了很長一段時間後，未經處理的壓力慢慢累積，就會出現一些挫敗的情緒，這時的倉鼠已經稍微開始玩火了（階段1），至於這個階段會持續多久，或者要多久才會過渡到下一個階段，則依個人的處理策略而定。

　　那些基本會逐漸加劇的現象，起初會被壓抑或否認掉，接著就需要以更多的壓抑與否認才能換取平衡，導致症狀不見好轉，而是前進至下一個階段。

　　直到自身確實面對了後果（即自己竟已背負著如此嚴重的過勞症狀，才會引人震驚），有意識的行為改變才有可能得到好的或非常好的成功機會。

　　這世界上肯定有一種特別抗壓的人，也就是俗稱的「神經大條」，這種人就連身處壓力大又繁忙的環境中，都很難讓他失去平靜，他們生來擁有的過勞基因就較少，不過根據滴水穿石的原理，這種人也並非對過勞免疫，而是在過勞症成形之前，所需的時間基本上會更久一點而已。

　　改善：抗壓機制是可以學習的，這與天賦無關，在這個階段，我們能夠做到最好的事是：當我們發現自己壓力很大時，試著做些能對抗壓力之事，玩火的倉鼠可以直接且相當迅速地，

經由預防措施或行為改變而轉變成一隻火已滅的倉鼠，藉此或可先解決掉過勞的危機，不過也可能緊接著就過渡到過勞模組的第二階段——倉鼠開始發熱了。

當這隻倉鼠已經玩了一段時間的火，接著就進入了階段 2：倉鼠還沒燃燒起來，不過可能已經出現了身體或心理的症狀，在這個階段，過度活動和筋疲力竭會不斷地互換，這是很典型的，要將工作與休閒分開來會越來越困難。

如果這個階段也過了，就會來到階段 3，也就是燃燒階段。除了一些臨床症狀之外，主要會出現的是行為層面的症狀：事實上，所有身邊的人對患者來說都是壓力，他會公開表達對上司與同僚的反感，常常表現出來的是一種無差別的、過份的無情批評，這種行為充斥著憤怒，而且部分還帶著（自我）毀滅。

總有一天所有火焰會失去食糧並且熄滅，這個後燃階段便是我們所說的過勞。階段 4 ——燃燒殆盡的倉鼠。當身體的防火牆崩潰，可能會引發劇烈的心血管問題以及腸胃不適，心理上則有絕望、憂鬱甚至是自殺傾向，然後導致完全失去工作能力，而且還會持續很長一段時間。

透過治療與恢復，這個階段將繼續進入階段 5 ——火已滅的倉鼠。在這個階段，倉鼠復原了，增加了一些經驗與知識，並且或許內化了有用的抗壓、抗失意技巧。這個狀態可能會保持穩定，或者又陷入階段 1 ——玩火的倉鼠，並因此再度重新

開始循環。

為什麼會這樣？身為一隻燃燒殆盡的倉鼠，他會去做持續穩定恢復的治療，而一隻火已滅的倉鼠則會回到他習慣的環境裡，他雖然得到了一些抗壓技巧，而且心理與生理都大大地復原了，但在那個未曾改變的環境裡執行的卻是同一種會導致過勞的機制，因此在倉鼠的生活環境中做些改變絕對是必須的，如此一來火已熄滅的倉鼠才不會又燃燒起來。

下表是分階模組的概覽：

階段	特徵	症狀
1 玩火的倉鼠	利用已經習得的或與生俱來的抗壓技巧來對付壓力。	沒有特殊症狀
2 發熱的倉鼠	過度活動和筋疲力竭會不斷地互換，區分問題、休閒與工作。	**身體**：流汗（盜汗）、發抖、心跳加速、噁心、頻尿、腹瀉
		心理：出現問題、失神、長期感到疲累、情緒不穩
		行為：像機器般的動個不停、咬指甲、全身抓撓、神經質地滔滔不絕（多語症）
		社會環境：過度順應潮流、失去性慾、情緒差

階段	特徵	症狀
3 燃燒的倉鼠	牢牢釘在工作中，缺乏動力	身體：血糖上升、甲狀腺功能低下、性功能下降、睡眠障礙、有筋疲力竭的可能、呼吸困難、畏寒、眩暈
		心理：恐懼、壓抑情緒、失去生趣、聽天由命、健忘性失語症、健忘、注意力不集中、無力
		行為：對上司與同事惡言相向、攻擊性
		社會環境：對所有人施以攻擊性批評、挖苦諷刺、持續失去動力
4 燃燒殆盡的倉鼠	工作效率大減、孤立	身體：免疫防火牆崩潰、心絞痛、心律不整、胃痛、胃潰瘍
		心理：抑鬱、筋疲力竭、絕望、想自殺
		行為：無法工作，只能分段工作
		社會環境：孤立、聽天由命、被動
5 火已滅的倉鼠	利用已經習得的或與生俱來的抗壓技巧來對付壓力	沒有特殊症狀

簡短總結一下：通往過勞的路上都會遇到一種混合體：

- 無法克服的壓力
- 積累起來的挫折

而且這些現象都持續了很長的一段時間。

你在看這個模組時或許會問，為何只有進而沒有出？

壞消息：過勞不會消失不見，心靈不會發展出抗壓免疫力，因此並沒有從過勞模組中出來的路。

好消息：一旦你學會消化壓力的方法而不讓壓力累積起來，以及學會如何正確地去處理壓力，那麼非常有可能當你從火已滅的倉鼠階段走出來後，不會再度落入過勞程序中。

不過治癒過勞而因此免疫是不可能的，因此我們有個口號是：（火已滅的）倉鼠們，請自我警惕！

在本書的後半部，我們將說明如何克服壓力、對付挫折，並在最後有效地回到階段 5 ──火已滅的倉鼠。不過正如我們已經說過的，預防措施的效力只到（並包含）階段 3 ──燃燒的倉鼠為止。在繼續往前行的階段 3 以及非常確定的階段 4 ──燃燒殆盡的倉鼠，唯有專業治療才是有意義的。

不過，書也是有其極限的，因此在這裡必須提醒你：如果你自己或你的另一半又重回到階段 3 或階段 4，請你播打電話行動起來──在還來得及之前！

已經有些概念了嗎？還是沒有呢？你並不清楚自己現在正處於哪個倉鼠階段？別擔心，我們已經為你準備好了，不過我們還要先來看幾則來自倉鼠界的有趣軼事，接著就會進入個人檢視了！

第 6 章

來自診間的故事、
小技巧與其他倉鼠瑣事

一隻倉鼠的一天

　　心裡想去做，但身體卻很虛弱，大腦發出命令：「起床！」但身體卻（完全）拒絕這件任務，就只是坐著或躺在那兒，已經受夠了，什麼都做不了了，從床上起來的這條每日道路，是一場很少會失敗的戰鬥，連鎖反應已經設定好開始運作，日常的倉鼠輪已經轉動起來了：

　　早上在廁所待了一個半小時，刷牙成了一件永遠無法完成的工作，要淋浴還是不要呢？這是個問題！「明天再做吧。」站在衣櫃前有選擇障礙，無法決定到底要穿這件還是那件，即便最小的任務都似乎變成了無法跨越的阻礙。

　　上班的路上：想在麵包店停一下，但在店門口卻找不到停車位，要走五十公尺嗎？沒興趣，光想到就已經夠累人了，結果：

沒麵包──沒早餐、沒午餐。

　　到了公司：泡杯咖啡→查看 E-Mail：投訴、某位同事的病假通知，重訂一日計畫→客戶已經在談話室等候了，趕快印出所需文件→再一杯咖啡→預約一個接一個，第一個客戶談話結束後緊接著另一個→再一杯咖啡→血糖已經降到地下室去了，覺得暈眩，趕緊吃塊巧克力餅乾。

　　午休沒了，發生首次溝通困難與健忘性失語症，這是所有銷售員、業務員或客服人員的惡夢，你一定能夠想像的，這不只是作家、網路作家還有像我一樣的記者會面臨到的問題，健忘性失語症就是地獄。下午四點恐慌發作，先休息一下下，喝杯咖啡，結果有份訂單出了問題，要趕快解決。

　　健忘發作：我真的那樣對客戶、同事、老闆說了嗎？我真的那樣答應了嗎？以致於：對自己的能力失去自信，覺得好像被包在迷霧或棉花裡，在這個世界上迷失了方向，這樣的感覺大大地增長了起來。

　　晚上六點：終於剩自己一人在辦公室裡了，終於可以安安靜靜地做些事了，沒有電話、沒有同事或顧客的提問，加班鐘開跑，瞄一眼時間表，在這張時間表上，這隻認真的倉鼠今天連五分鐘能自己掌握的時間都沒有，沒做任何有建設性的事，只有開會、面談與救火。

　　晚上八點三十分：還是要帶狗出去溜一圈。

回到家：該上床了，今天為您準備的晚餐是：麥當勞、必勝客或沙威瑪，甜點來份草莓奶昔或巧克力棒吧，因為你現在值得，此外順便多看兩集預錄的 CSI 邁阿密影集。想出國玩了，好喜歡佛羅里達啊！如果可以去度個假一定很棒，但是要飛十小時以上，唉！

我累壞了，只能睡覺了！晚安。但倉鼠還是醒著，睡不著，不行了，倉鼠輪轉動著。

以上這些真實例子全都是出自某隻玩火倉鼠或燃燒殆盡倉鼠的實際生活。你的生活又是怎麼樣的呢？請用相同的形式寫下你的一天吧。

小技巧：為了消化這一天好平靜地入睡，寫日記真的是個有效的方法。寫下所有你今天擔憂之事，不過讓你高興還有覺得感恩的事也要寫，或許只是些小事。一抹陽光、你的狗搖著尾巴，很可愛地看著你、被上司稱讚了、一封溫暖的 E-Mail、預期之外的退稅、已繳的帳單、另一半的微笑、肉捲佐水煮馬鈴薯和紫葉甘藍菜、解決了一件困難的任務、找到一個難解的家中問題的解決辦法。

堅持下去──直到醫生來為止

如果負擔太重，有可能會造成生理症狀──這其實是例外

中的規則。某隻友善的倉鼠因此幾乎永遠都隨身帶著檸檬,當他的症狀又太嚴重時,他會感覺到一種特別不舒服的暈眩,所有東西都在旋轉,他覺得腳下的地板消失了,墜落虛無當中,他是真的暈頭轉向。為了再度回到現實,他會咬一口那顆黃澄澄的水果,在這種特殊的狀況之下,酸味並不有趣,而是能保護他不致虛脫(針對這種狀況,我比較喜歡吃一種我隨身攜帶的藥,它給了我安全感,有的時候只要摸到它在我褲子口袋裡,就足已讓我恢復正常⋯⋯然後再繼續做事,這很瘋狂,對吧?)

誠如我們所說的,突發性視力障礙、偏頭痛、突發性耳聾、嘔吐或胃痛都是倉鼠們所承受的痛苦,這些是很正常的⋯⋯

檸檬的故事對一隻燃燒中的倉鼠來說是一個非常好的壞範例,因為這是一種排擠式策略,以強迫身體與心靈撐下去、繼續做下去為目的,直到最後招致無可避免的全面崩潰為止。

這很明顯,不是嗎?此狀況的嚴重性在於:從這個時間點(階段 3)開始,已經無法靠自己的力量離開倉鼠輪了,或者至少降低至一個正常(這裡刻意不使用「可承受」這個詞,因為早在這個時間點之前就沒有實質的標準了)的程度,因為自己發出的警訊已經被排開了,當事人的狀況不再能實際地被評估,倉鼠雖然直覺上感受得到,但許多「好的理由」(我畢竟還是必須繳納我的單據、我必須先讓孩子們讀完大學,然後才能停下來、我必須⋯⋯)阻止了他去行動。一直拖到救護車停在了

門口，或者那位親切的過勞先生和他的姐姐憂鬱小姐站在門口為止。

這章想讓你明白的是，如果你也已經到了這種地步（或又再次到了這種地步），而且你現在還不去踩煞車的話，就會直接撞上牆了，因此請行動起來——現在立刻！

預先過勞──又一個出自美好（？）舊時代的故事

貝格先生在職場上非常成功，他身上越來越常出現筋疲力盡、疲憊、無法集中注意力或輕微視覺問題等症狀。每個工作崗位上當然都已經架好了兩個比鄰而放的螢幕，這樣才能有效率地解決問題，此外在這個年代，認真工作的倉鼠還相信著能夠同時處理多項任務以及自己是不會被擊垮的，當年倉鼠貝格才三十出頭而已。

倉鼠貝格不會想到過勞或是要預防過勞，這些都不值一提，一週工作七十～八十小時是常態，他對度假、節日等詞彙嗤之以鼻，而且如果說到某人得了過勞症，他若非取笑對方，就是用同情的眼光看待對方。然而，他身上已經出現第一個症狀了，怎麼辦？Google 搜尋：如何更有效率地（工作）生活，找到的答案是：坐得健康，這真是太重要了！

既然看到了，那就去做吧！必須換一張新的辦公椅，原來的那張便宜的 IKEA 椅子根本不耐用，難怪人會容易累！那就上

車去找間賣辦公椅的店吧,雖然還需要印一些文件,為什麼不能用一支蒼蠅拍同時打兩隻蒼蠅呢?

還好幸運地很快就找到了一家有許多附輪辦公椅可供選擇的店,清楚的商品分類讓人很容易就找到方向,沿著層架從左到右:一~兩小時適用的、三~四小時適用的、六~八小時適用的,然後是失望,哪裡才會有十~十二小時適用的呢?

請在這裡暫停一下,想一想剛剛看的內容,並問問自己:這個故事裡什麼地方有問題?

我過了很久後才意識到倉鼠貝格的失望是很無稽的,如今大家都知道要有一定程度的(好的)界線,出於善因而有了勞工保障法,其限定的工時是一天八小時,這其實應該也適用在倉鼠身上,不是嗎?失望一般來說都被認為是負面的,但它同時也是全然正面的字眼,我們會失望或清醒過來,不再受錯覺所蒙蔽,而是認清了現實,其實沒有不好,只是有的時候會很痛,但通常都是有益於健康的。

延伸思考:也許不是那麼適合在這裡提出,但我們或許應該思考一下:改變我們自己的行為比起改變其他人的要簡單得多!

第 7 章

自我檢測

檢測：我已經燒起來了／要燒壞了嗎？

回到你自己身上，我們希望你獲得了些「樂趣」或者某些重新認知的時刻，不過接下來又是和你自己的經驗有關了。

我們為你準備了一個小幫手，讓你可以在評估時得到幫助，哪怕你已經身處於過勞五階段的其中某一階段內了。

順帶一提，這個檢測我們繪製了兩份，讓你可以過一段時間後再填一次，如此一來或許更有利於評估，讓你直接可以判讀出自己在哪些方面已有些許改善。

這個檢測中的題目與前述的四種過勞症狀範圍有關，而且同時也牽涉到了我們已經知道的生活領域：「個人、私領域、工作」，關於這三種生活領域，本書後續還會再繼續討論。

如果你有興趣的話，請花點時間做一做這個過勞檢測，做

完之後你非常有可能變得更精明。檢測提醒：不要想太久！盡可能直覺地將你的想法填入相應的答案裡──請誠實作答，否則就沒有任何意義了！

過勞檢測	不，從未這麼覺得	是的，一年會有幾次這種想法	是的，大概每個月會有一次這種想法	是的，至少一週會有一次這種想法	是的，一直都有這種想法
周遭的人對我來說全都無所謂					
我只有少數的時間是留給自己的					
我不再讓人在情感方面接近我					
和別人互動時我並不自在，我寧願不要那樣					
我比以前還要更情緒化					
我越來越把別人的問題當成我的問題					

過勞 檢測	不， 從未這麼 覺得	是的， 一年會有 幾次這種 想法	是的， 大概每個月 會有一次 這種想法	是的， 至少一週會 有一次這種 想法	是的， 一直都有 這種想法
我對別人以及他們所犯的錯非常生氣					
如果事情不如預期，我很容易就變得激動或不高興，我以前不會這樣					
我很努力去讓別人喜歡某事					
我不太能散發出正面能量					
我越是努力只會越覺得累					
和別人談話或合作過後，我覺得自己被榨乾了					
我的工作不再像以前那樣讓我滿足					

過勞 檢測	不， 從未這麼 覺得	是的， 一年會有 幾次這種 想法	是的， 大概每個月 會有一次 這種想法	是的， 至少一週會 有一次這種 想法	是的， 一直都有 這種想法
我覺得我不 再能將任務 做到我滿意 的程度					
我覺得自己 好像在一條 死巷裡，看 不到出口					
檢測結果	沒有過勞或 階段 5	階段 1	階段 2	階段 3	階段 4

做完了嗎？現在嚴肅一點，評斷相當簡單：請看你在哪些格子裡做了記號，然後再對照表格底部，看看你作答的重點落在哪個過勞模組階段，如此你應能粗略評估出自己當前的（心靈）狀態。

請注意，這個問題表格顯示的是暫時性的狀態，而且絕非診斷結果，重要的是：如果你有嚴重的過勞徵兆，請務必與一個可靠之人、你的家庭醫師或心理諮商師洽談。

為了再次加強記憶，下面再次附上包含有各階段的倉鼠程序圈：

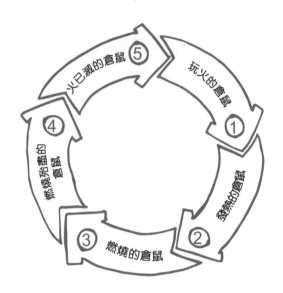

請在下面簡短地寫下你現在的想法，或者你現在明白了什麼以及你的感受。不要忘了寫上日期。

如果你想做些（必須的）改變並且有了想法，請一併記錄下來，說不定日後你還會需要它們。

日期：

監控檢測

我們準備了以下的檢測表格，在過了一段時間以後，如果你已經著手做了自己想做的改變，你可以再做一次檢測，看看哪裡或許已經出現了變化，以及哪裡的情況據你評估並未發生變化。

過勞檢測	不，從未這麼覺得	是的，一年會有幾次這種想法	是的，大概每個月會有一次這種想法	是的，至少一週會有一次這種想法	是的，一直都有這種想法
周遭的人對我來說全都無所謂					
我只有少數的時間是留給自己的					
我不再讓人在情感方面接近我					
和別人互動時我並不自在，我寧願不要那樣					
我比以前還要更情緒化					

過勞檢測	不，從未這麼覺得	是的，一年會有幾次這種想法	是的，大概每個月會有一次這種想法	是的，至少一週會有一次這種想法	是的，一直都有這種想法
我越來越把別人的問題當成我的問題					
我對別人以及他們所犯的錯非常生氣					
如果事情不如預期，我很容易就變得激動或不高興，我以前不會這樣					
我很努力去讓別人喜歡某事					
我不太能散發出正面能量					
我越是努力只會越覺得累					
和別人談話或合作過後，我覺得自己被榨乾了					

過勞 檢測	不， 從未這麼 覺得	是的， 一年會有幾 次這種想法	是的， 大概每個月 會有一次這 種想法	是的， 至少一週會 有一次這種 想法	是的， 一直都有這 種想法
我的工作不 再像以前那 樣讓我滿足					
我覺得我不 再能將任務 做到我滿意 的程度					
我覺得自己 好像在一條 死巷裡，看 不到出口					
檢測結果	沒有過勞或 階段 5	階段 1	階段 2	階段 3	階段 4

　　請再一次簡短地寫下你現在的想法，或者你現在明白了什麼以及你的感受。不要忘了寫上日期。

　　如果你想做些（必須的）改變並且有了想法，請一併記錄下來，說不定日後你還會需要它們！

日期：

第 8 章

在看解決辦法之前，還要來看一些理論

我們知道：如果將壓力和失意攪拌在一起，用小火慢慢地熬，就會變成一種地獄般的可怕飲料，當這種飲料被煮沸了，所有事物——你以及你那美好的人生大樓都會崩潰。

因此現在要來看一個新的模組：我們人生的大樓——我們的存在神殿。

這座建築物擁有三根柱子，它們支撐著屋頂，也就是我們的存在。這些柱子我們已經在本書前面的篇幅中認識了：它們就是「個人、私領域、工作」三領域。

說明白一點：單獨一

根柱子是沒有辦法撐住整體的，只有當盡可能的均衡時，我們的存在才能安全，我們會覺得自己很強大，就算暴風雨也無法讓我們脫離平靜，即便三根柱子當中的一根被刮傷了一點而必須挺過一段危機（可能是工作領域、私領域或個人領域），也不會動搖存在。

　　這座神殿只有在兩根柱子甚至是三根柱子同時出現裂縫時才會有倒塌的危險，而柱子上方也會開始劇烈地咯咯作響，我們的存在開始遭到了威脅。

　　延伸到過勞這個主題上來看的話，便意謂著：過勞症狀已經出現在多個領域之內了，例如我們在工作上出了錯以及和其他人的關係出現了問題等等，我們身處在階段模組當中的階段3 ──倉鼠燒起來了。

　　注意：如此就能明白為何只有到了這個階段才必須採取一些措施，因為如果現在連第三根柱子，也就是個人，都遭到了攻擊，那麼這座美麗的建築物就會崩塌，除了瀰漫的煙霧以外看不到他物，只能呼喚某個人來整理這些斷垣殘壁並陪伴重建，

我們稱之為「心理治療」，沒有專業的協助，我們無法再繼續維持柱子頂端的屋頂。

　　但是如果我們即時插手，也就是在「我們的存在神殿」的第三根柱子——中間的柱子遭到攻擊之前，那麼我們就能夠成功將個人之柱的力量散布開來，讓它足以更穩固地支撐住我們的存在，並引導出後續的激勵結果：以個人發展確保我們存在的平衡。

　　這正是那條我們想和你一起跨越的道路：無論發生什麼事！都要讓你把你存在神殿的那根個人之柱穩固地蓋好，使它永遠支撐著你。

　　我們的共同目標是：火已滅的倉鼠——擁有脊柱的強壯個體。

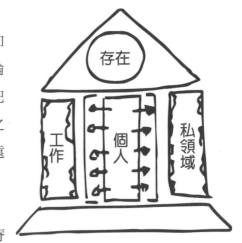

Part 3

走出過勞

幫倉鼠滅火

如果想幫倉鼠滅火，那麼首要的公民義務就是：保持鎮靜。某句相當有幫助的治療指令是這麼說的：「先診斷，再處方。」

章節前導

　　首先要做的是確定你身處在哪一個點上，我們已經提供過一個小型自我檢測與一個階段模組，這裡我們要再來回憶一下。

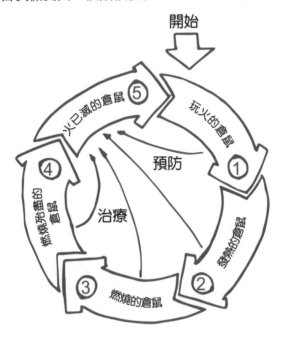

　　根據這個模組，我們現在要試著幫你找出適合的道路。

判斷自己身處的階段	可以幫助你的是：	你的治療重點應該是：
1 － 玩火的倉鼠　或 5 － 火已滅的倉鼠	• 好好照顧自己，盡可能自我一點	發展自我（請再讀一遍章節「成為睿智的倉鼠」）
2 － 發熱的倉鼠	• 定期放鬆 • 允許恢復	預防（請再讀一遍章節「做一隻有態度的倉鼠」）
3 － 燃燒的倉鼠	• 坦承說出問題 • 接受做出澈底的改變	對抗肇因（請再讀一遍章節「成為睿智的倉鼠」與「做一隻有態度的倉鼠」）提醒：考慮接受心理治療
4 － 燃燒殆盡的倉鼠	• 接受心理治療 • 尋找保護	心理治療（現在不只要看本書，還要行動起來，你需要協助！）

接下去的章節將提供你進一步的指示，告訴你如果你想行動的話該如何做。

非常重要的是：過勞並不好玩，它不是遊戲，而且也不是適合拿來自我測試的東西。

如果你無法確定，那麼請去找一個能幫上你忙的人商談，確保你能選定出最好的行動方式，這個人可以是一個好朋友、你的另一半或某位心理諮商師。

第 9 章

你需要協助嗎？

　　只有想接受幫助之人能被幫助，真正的工作只有你自己能做，他人無法替你分擔，就連藥物也無法，就這點而言，心靈上的疾病明顯與生理上的不一樣。

　　如果是生理上的病痛，我身為病人可以期待身體夠強壯到足以靠自癒力來解決疾病，就這種情形而言，醫療上的幫助指的若非物理幫助（例如夾板、機械組件或義肢），就是透過藥品促使身體有能力克服疾病，或者達到一種能夠以最好的方式應付疾病的狀態。

　　「有耐心、堅持住並忍耐」──就字面上的意義來說就是當個病人，然而心靈上的疾病卻完全是另一回事。心理疾病的產生意謂著，潛意識或心靈已經無法再自行給予幫助，「所有事情總會回歸正軌」這樣的信心將不會成真，而且病情只會繼續惡化下去。

「繼續忍耐」是沒有任何幫助的，當事者在解決問題時必須擁有支援，協助他對抗心理特殊狀況，因此這裡使用了當事人這個概念，字面上的意義就是「被保護人」。

但是這並不能理解為只要吞幾顆藥丸就能讓所有心理危機過去，正確的說法應該是：一定的藥物通常能夠減輕症狀，並使人較能忍受病痛，但是卻無法解決疾病的根本問題，勢必要做些改變才行。

行為模式一成不變之人是無法期待產生什麼改變後的結果的，因此為了讓你持續好轉，你生活上的改變是必須的。當痛苦和壓力越大，接受這種改變的意願也就越高，不過請不要被服用精神病藥物所帶來的好轉所蒙蔽了：就心理治療方面而言，你必須更加積極，或者，如果你夠堅強的話，也可以利用專心致至的自我救助方式。

心理治療成功的先決條件，絕對是患者積極合作以康復的意願，業界稱之為順從性（compliance），在高壓下特別需要順從性，因此從心理治療的角度來看，心理危機絕對是有利的，因為如此一來改變的意願會是最高的。這裡還要注意，順從性在服用精神病藥物後會明顯下降，因為不適感在這些藥物起了特定效果後減輕了。此病非簡單之物，而你則被纏在了裡面。

心靈的治療一直都意味著你要承擔下最高的個人責任，像生理疾病那樣的被動態度是幫不上忙的，你必須自行擔負積極

的部份，沒有人能幫你承擔，心理醫生能幫助你重新找回自己，但是你必須自己向前走，一步接著一步。

　　心理治療？精神病藥物治療？你或許做夢也不會想到自己竟會有對這個議題感興趣的一天，像這樣的事情應該會發生在大表哥的妹夫的朋友身上才對。

　　不過你身處的是一個不錯的社會：越來越多人會尋求專業的心理諮詢，通常第一個諮詢對象是家庭醫生，因為他可能已經陪伴你經歷了一部分病程。

　　你想尋求幫助？這是好事，那麼現在就放下這本書，拿起電話，和你的醫生或治療師約個時間吧！現在立刻！

第 10 章

預防過勞

你想自己試試看嗎？

　　一旦你覺得自己已是一隻火已滅的倉鼠，就是你已經開始關心自己了，那麼你就有許多能為自己做的事。本書接下來的部分，將焦點放在了你如何能自己做些有益之事，以及重新找回你完整的個人道路。

　　根據我們的經驗，人們並不缺乏認知——就連那些正深陷危機的人也是。大部分的人早就明白，是哪些原因導致了哪些狀況、什麼是可以被改變的以及怎麼樣的行為會更健康。

　　因此請你：不要只是知道而已，請行動起來，要認真面對，成功的祕訣就是：行動！

先來點殘酷的事實：沒有人需要列清單！

　　什麼是有幫助的呢？我們先像所有的建議書籍一樣，從一份清單和睿智的格言開始（別擔心，本書還會有其他建議，這

個章節要談的是意願和意志。）

說了這麼多，其實這份清單我們是可以提供的，因此這裡就要來列這麼一份，為什麼我們要這麼做呢？你馬上就會瞭解了。

1. 感受你自己與你的身體，聽聽自己的內心，同時對自己誠實，想想是什麼讓你有壓力？

2. 測試看看，是什麼讓你不快樂：工作？兩性關係？私密事情？請選擇接受它或者離開它！

3. 請切換回一檔（汽車變速箱的檔位。L檔，意即低速檔，汽車起步時使用）至二檔（S檔，又稱限制檔，慢速前進時使用），在某些領域中減少投入，關鍵字：低速檔。

4. 和朋友多來往，把自己孤立起來不是辦法，把時間留給和你相處愉悅的人，避免和可惡的能量吸血鬼[註1]來往。

5. 請記住：你不應負責所有事！將事情分派下去，你不需要全都自己做，請學會說「不」，讓家中孩子自己整理房間、除草、收拾碗盤等等，他們在上了十小時的學（或幼兒園）、補習班、鋼琴課、語言課、足球課、芭蕾舞課後，總還是能做些什麼的，不是嗎？

註1　能量吸血鬼：設法在很短的時間內搶走了別人的精力。與他們見面後，你會感到筋疲力盡、自卑或沮喪。

6. 你覺得人生中真正重要的是什麼？請審視一下你的價值觀。（當然有可能是財產：三間房子與十輛老爺車的維護、保養與為它們保保險也可能造成壓力，所有權是承擔著義務的！）

7. 照料你自己的身體，吃得健康均衡，偶爾做做運動，不舒服時去看看醫生。

8. 不要想太多，去解決問題而不是歸咎責任！對怒火報以微笑，對所有事情以及你自己都不要太過嚴肅，人生就是一場大富翁遊戲。

9. 做一些這樣、那樣的事，如果你不行，那就試著找到自己的節奏。

第 9 點我就不寫了，真是份樸實的清單啊，看起來很容易，所有內容都是對的，

但是卻不是特別容易上手，不是嗎？這樣的東西你在網路上，或你常去的診所裡的雜誌中都能看到。

到底該怎麼做呢？從何開始以及如何執行？倉鼠獨自待在黑暗之中。

「貝格先生，只有你可以改變狀況，請繼續如此做下去，你知道事情在哪裡會結束！」

「目前為止我都懂，但是具體上我現在究竟可以做些什麼

呢？」

總得要有個引導者吧？

「我需要有個人來告訴我，我應該怎麼做！」

一隻燃燒的倉鼠真正需要的，是在現實情況中能夠實行的具體方針，不是連篇廢話！

有個殘酷的事實是：只有願意接受幫助的人才能被幫助，無論是來自於清單、書籍或治療師的協助。不過還有一點很確定的是：大部分的事情真的必須我們自己去做。廢話！有別的選擇嗎？你已經聽到了：「貝格先生，只有你可以改變狀況，請繼續如此做下去，你知道事情在哪裡會結束！」

也就是像這樣。現在又要換我的治療師同事上場了，讓我們看看他怎麼說。

Part 4

預防方法

做 一 隻 有 態 度 的 倉 鼠

「改變是無所不在的，改變是自然的，改變是可塑造的。」
這個原則是貫穿本書的軸心線，改變沒什麼可怕，目標明確
的改變甚至才可以達成每個人人生當中所謂的成功。

第 11 章

認識你自己

　　你想為你的存在神殿做事，你想讓個人之柱的力量散布開來，你想自己去決定要做出什麼改變。這幾個句子我們刻意不使用問號。

　　有關過勞的預防，我們初步理解為多重視自己。我們在生活中努力的意義為何？我們為什麼每天早上都要起床？我們想如何有意義地利用我們的時間，以及最終我們擁有何種概念的自由？當我們清楚瞭解這些答案時，我們就會自覺地離開倉鼠輪，並走進一個位於日常生存競爭之外的位置，只有在這個位置上，我們可以設定計畫，並且讓願望成為思想之父。

　　如果我們想看到與享受自己的思想成為現實，那麼我們就不能夠將改變自我的第一步假手他人，而應該要做到運用我們的智慧去做事：有創意地思考與做夢。

　　在工作（如果我們可以這樣說的話，畢竟你做的這些全都

是為了自己）可以開始之前，讓我們先來問一下希臘哲學家，針對這種狀況他們會提出什麼建議。如果這些哲學家在過了超過兩千年後仍舊被人們所援引，那麼他們顯然留給了我們非常寶貴的遺產，仁慈的古希臘人究竟提出了哪些建議呢？

「承認自己的無知，除此之外：認識你自己。」

認識你自己
來一份德爾菲特餐──請多加一份自我認知

德爾菲[註1]的阿波羅神殿上頭，這句格言閃閃發著光（不，不是德爾菲特餐），它意味著：「認識你自己」，你現在或許也瞭解為何我們要選擇一座神殿做為我們的存在形象的意象了吧。

希臘哲學家赫拉克利特（Heraklit）曾在幾百年前這麼寫道：「所有人都必須認識自己並且理智地思考。」我們「認識」了什麼呢？你為自己所做的打算是有傳統的，並且成功通過了無數次的考驗，也就是一個跨世代的超級業務員，而且還是完全免費的。

「認識你自己。」我們不需要像是德爾菲那說出箴言的預言者，不過你可以準備去探究一些非常基本的問題：

註1　德爾菲：重要的「泛希臘聖地」，即所有古希臘城邦共同的聖地。這裡主要供奉著「德爾菲的阿波羅」。

- 我如何能自由自在？
- 驅使我的是什麼？
- 我如何利用自己的時間？
- 什麼時候才是足夠？

　　好問題和好答案？當然你應該要在這個過程中先對自己提出自己的問題，並給予答案。而且我們一定要激勵你去這麼做，我們總得要做些什麼啊！

　　因此我們現在想更確切地說明上述問題，也許在這之後你會繼續向前邁進——朝向認識自我之路，開始洞察自己以及瞭解自己。如果你已經開始思考、提問，或者想做些改變，請記錄在下面，說不定之後我們還會需要它們！

好消息：事情將不會再像過去那樣了！

改變是無所不在的，改變是自然的，改變是可塑造的。

這個原則是貫穿本書的軸心線，改變沒什麼可怕，目標明確的改變甚至才可以達成每個人人生當中所謂的成功，但是沒有方向的、混亂的改變卻常常會導致非所願的結果，因此瞭解以下幾點並接受是極為重要的：

- 改變對你來說是有正面意義的
- 你可以塑造改變
- 你對改變有必然的影響力
- 你擁有按照自己意思改變事物的所有權力

除此之外，我每天都會在我的診所裡看到那些過度克制自己的倉鼠們（尤其是女性），他們完全不去利用那些自己應有的自由，就這點來說，我承認的原則是：每個人的個人自由會終止在別人的自由開始之處。

也就是說，這牽涉到的並非拿走他人切割下的個人權利，而是你終於理解到自己擁有的是什麼、應得的是什麼：一種有尊嚴的自由人生。這是白紙黑字明文規定的基本人權，你應該要為自己去爭取，自由並無匱乏，匱乏的是思想！

你是否曾自問過，為何那麼高大有力的動物，如大象，會讓自己被一條細細的繩索牽著走，而一點也不想解放自己呢？

牠們本應都有著足夠的力量，牠們本可以輕鬆扯斷繩索然後抽身離開，但是卻因為一個簡單的制約機制而被束縛住了：從小牠們就被一條細繩拴住，這條繩子足以阻斷小象向前奔跑，使牠僅能在小小的半徑圈裡活動，於是牠自出生開始便「學會」了：牠的活動範圍只限於一個很狹窄的半徑圈之內，以及牠不夠強壯到可以扯斷繩索。這樣的經驗起初是認知，後來變成了一種牢固的信仰。

成年後的大象如今完全不去試著扯斷那條牽著牠的繩子，因為牠早在自己的生命開始之時便得知，那條繩子對牠來說是不會斷的。我們都知道：牠只需要試一試就可以了，但是牠卻連試都沒試過，而是遷就於自己的命運。

我認為，我們每個人同樣由於經驗與教育而被一條或許很固定的繩子繫住了，使得我們的自由發展受到了阻礙。直到我們去嘗試並且驚訝地發現，那條繩子比我們至今所想像的要鬆得多，而且我們擁有自己至今未曾想像到的自由，我們可以擁有一種不被他物干擾自身發展的自由！此自由是我們應得的，因為我們承擔了自己人生之責。我們得到了自由，因為我們解開了束縛。自由是透過改變而成真的。

這種自由是什麼呢？什麼是目標明確的改變？

父親：「我們不能改變天性。」

兒子：「改變就是天性啊，爸。

　　我們可以影響事物，透過我們自己的決定來影響事物。」（轉身）

父親：「你要去哪？」

兒子：「帶著點運氣的，走下去！」

出自電影《料理鼠王》

　　自由曾在個人不自由的年代是無數革命的加油呼聲。

　　如今自由被視為機會，不用被迫在不同的可能性當中做出選擇，這都要歸功於勇敢倉鼠（是的，當時就有了）的覺醒。

　　也就是說，自由首先始於腦中，始於可能性的構想、創造過程的構想以及在這些可能性中，有意識地做出選擇的構想。記得那隻大象嗎？這種自由在我們選擇自由地做出決定時，產生自介於刺激與反應之間的空間，一旦實際的操作不是被迫開始的，預期中的改變才會成真，這樣的改變是目標明確的，因為它立基在內心的認知與願望之上，這些認知與願望觸發了改變。

　　順帶一提，改變一直都在發生，無論我們想不想。我們幾乎天天都驚訝地揉著眼睛，為了所有世上發生之事、為了國家體制的改變、為了市場的運作由今天到明天是如何的變化……

　　除此之外，我們自己同樣也一直都在改變：聽說我們身體的所有細胞每七年就會更新一次，也就是說我們每七年就會完全翻新。

　　因此如果口味改變了也不必驚訝，你小時候也喜歡吃肝腸嗎？你現在還喜歡嗎？喜歡的顏色和香味呢？所有我們身上的、我們心裡的都在不斷地改變。

　　如果改變失去了控制且變得一團糟，我們就稱之為：生病。

　　不過有一個好消息是：我們內在的力量不僅能夠對我們自己產生正面影響，也能影響我們周遭的環境，透過我們的想法，我們可以控制、塑造與創造新的現實。

　　利用自由是我們的起點，為了盡可能確切地實現目標，我們在「成為睿智的倉鼠」一章中提出了一個模組，此模組將一步一步引導你目標明確地將自己的意志轉化為改變，然後有系統地開始進行改變。

　　除此之外，以「個人自由」為目標的較高程度的改變，永遠且不可避免地會帶來較多的責任，未同時承擔責任的自由是持續不了多久的，因為這種自由必然會造成他人的負擔。

　　用一個簡單的例子來說明：當你終於年滿十八歲，你拿到了駕駛執照，同時也獲得了極大程度的個人行動自由，每次開車上路，你也承擔著確保自己以及其他用路人安全的責任。

　　如果你開車時都很注意這點，那麼原則上你將有很多年都

能無事故且無罰單地抵達你的目的地，不過如果你要當馬路三寶，不受任何責任限制地盡情享受自由人民的自由開車行為，那麼不是你的駕照會被吊銷，就是你的活動自由將會受到限制。

遺憾的是，想改變的想法有時會被自己給擋住去路，這種時候透過獨立顧問的協助就能解決問題。當然你也可以聽從好友或伴侶的建議，不過根據我們的經驗，往往到了某個點就會出現利益衝突，導致自己的願望受到阻礙，甚至造成停滯不前的局面。

因此我們建議你以自己的速度獨自讀完本書剩下的章節，自己消化並自行推導出，你想在自己的日常生活中執行哪些書中的建議，以及哪些書中的建議是不可行的，你非常有可能還會找到其他屬於你個人的想法與選項。

小技巧：你應該要為這件事找一個安靜、不被打擾並且可以讓思緒自由流動的地方，而且你要有空閒去制定你自己的人生計畫。

心中的願望應該在和某個信賴之人或某個獨立的第三者交流之後產生，並根據「當學生準備好時，老師就會出現」的原則確實提供出選項。

乾淨地思考：思想清潔

在接下來的章節中我們將提出幾個改善你狀況的簡單又有效的方法，請你在看過之後選出幾個適合自己的方法嘗試看看！

「思想潔淨」：我相信，「乾淨地」與潛意識交流是很關鍵的，每種負面想法都是有害的，它們會妨礙我們的行動，讓我們變成他人口中的酸民。

你知道那種在心中為了某個想像中的失誤而責罵自己，甚至是折磨自己的情況嗎？叫自己是笨蛋或魯蛇？在說出「我很生氣」這句話時，你就已經看到了自己究竟生的是誰的氣，以及你在怪罪誰：不是別人，正是你自己。

當你在工作上犯了無心之過，卻並未遭到上司、同事或客戶的輪番攻擊，反而獲得了諒解與下次改進的機會，你會覺得開心並鬆了一口氣，那種很好的感覺你一定懂得。這種放鬆感你也可以在心中製造出來，我向你保證，你將很願意學會這個，而且不會想再失去它。

因此在這裡我們想鼓勵你停止自我傷害，並且用你對待身邊其他倉鼠所犯之錯與過失那樣，大肚且寬容的態度去對待自己，因為原諒他們通常會比原諒我們自己來得簡單得多，這麼做的理由很簡單：我們為什麼不應也在心中用同樣的寬宏大量來原諒自己並且寬恕錯誤呢？再怎麼說你也是和其他人一樣珍貴啊！

這個答案很簡單，不是嗎？我認為：所有我們的想法、我們的建議以及實踐的方法大多都是全然沒問題的，請讓我們對自己寬容，並且說出：百分之八十我們的成就，讓我們沒有遭到抱怨的理由。請開心地提出反證，列舉出你自己的失敗，不過接下來請你以同樣認真的態度列舉出自己的成功，我相信：你一定能找到這種證明。

焦點會製造出差異

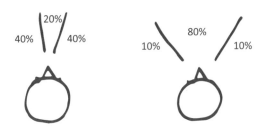

但是我們卻為自己訓練出一種態度，瘋狂投身在我們那剩餘百分之二十的失誤當中，在這五分之一裡快樂地挖呀挖，伸出手指著它，要求改進，而那五分之四下至很好、上到非常好的成績，卻完全落在了我們的視野之外。

這種行為始於學校並延伸至所有人生驛站，它會一直出現，直到我們有意識地要求停下來，並且從今往後都先聚焦在成就的正面部分同時讚賞它為止。如果我們此後能帶著好心情，不

費力而輕鬆地去關注那失敗的百分之二十，並且改進其中一部分，那麼比起將正面的部分忽略旁置，懷著壞心情與壓力，花費許多力氣去面對失敗，前者的狀況會讓我們贏得更多。

如果我們能貫徹這種方針，就應能不費力且輕鬆地完成正確的事情，因為透過一種掌握著正面事物的寬視角，挫折感的主要源頭會乾涸，而你則會以寬闊的胸襟獲得邁出下一步的動力。

我可以做出有意識的決定，是吧？

對，也不對，根據許多研究，我們的行為與思想至少有百分之八十是由潛意識所決定的，只有百分之二十是由我們的意識決定，這種關係讓帶有西方特色的理

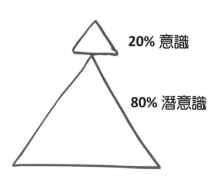

性、有意識之人都不禁咋舌。潛意識在工作時就像一個過濾器，所有感覺印象都會由它來檢查重要性，只有對它來說有意義的才會被允許進入意識之中。

我們只會把那些由潛意識高高送往意識當中之物，視為是有價值且存在的，同時我們還會有一種獲知了全部面向的感覺。相反地，潛意識卻將所有的資訊都儲存了起來，如此一來便能

解釋為什麼有意識之下的信念、第六感或直覺有時會彼此衝突：我們的意識認為已接受到好的、全面的資訊，而且我們想在這些資訊的基礎上做出一個決定，但是我們的潛意識看到的卻是整體，並在我們心中製造出一種不好的感覺。

由下面這個例子，也就是所謂的「雞尾酒會效應」，可以說明這種機制的運作效果：

想像你身處一個派對之中且和某人聊著天，在你身後有另外兩個人正在談話，不過你並沒有去注意他們。突然你有些困惑地偷聽到，這兩人其中的某個人提到了你的名字，你當然知道自己一直都沒有認真去聽他們的對話，但是如果真的是這樣，你怎麼會突然聽得到自己的名字呢？

答案是：事實上你的潛意識始終都在聽他們談話，而且一字不漏，不過它一直到你的名字出現時才通知你。這意味著潛意識以及直覺也參與做決定的行為之中，因為比起意識，潛意識在技術方面，可以動用到更大的資料庫與資訊量。

儘管潛意識裡也儲存了所有的經歷與體驗，在這樣的背景之下，某些有意識的改變會帶來一種不好的第六感，這時就要說服潛意識接受計畫的正確性，並且帶著它一起走上期待中的改變之路。

當意識與潛意識繫在同一條繩索上時，意想不到的力量將會被釋放出來，並得到超高的成效，而且事情將獲得它們專屬

的、它們與生俱來的意義，因此沒有一個職業運動員會在比賽之前認真思考要放棄精神方面的訓練。

相較於以有意識的方式告知潛意識即將面對的是哪些任務以及現在有哪些值得去努力的目標，所謂的精神訓練是什麼呢？

有個重要的方法是：你可以去發展、訓練、建立一個內在的溝通管道，減輕你與潛意識之間的溝通難度，要做到這樣並不需擁有某些你不具備的特殊技能，因為你非常有可能已經掌握了這樣的溝通形式。

一個清楚的意識與意志是很重要的，不過如果沒有潛意識的協助，並且堅定地相信你自己可以辦到，你永遠會在要將之也轉化為認可之物時遭到某種阻礙。

失去性趣、拖拖拉拉、精神不集中、多頭馬車直至完全消耗殆盡，這些全都是我們潛意識以高超技巧掌握著的阻礙機制，此時重要的是要去做一個更廣泛的、非常特別的思想清潔工作，因為與潛意識的溝通是由思想的力量來執行的（怎麼可能不是呢？）。

因此如果你想與潛意識聯繫上的話，你的思想應該要：

• 正面

• 圖像化

• 盡可能的精確

在我的診療經驗中，我常常會與擁有強烈想改變意志的人一起工作。一開始的時候往往改變的方向與塑造都不明確，不過這完全沒有影響，確切的目標方位非常可信是產生自進行改變的過程中。

在改變過程開始時，重要的更有可能是個人的痛苦壓力，這決定了思想，這種痛苦壓力是一段漫長的、忍耐之途的徵兆，這條路常常被標記上灰心失望、挫敗、筋疲力竭與「我不行了」的感覺。此狀況對一個人來說越艱辛，他就可以獲得越多求取改變的正面幹勁與能量，往後的程序中將不會再出現那麼高的自願度與改變的意願了。

自我暗示──釋放出內在力量

有一種多年前已經經過證實，而且簡單到讓人驚訝的精神訓練形式，就是所謂的「自我暗示」。法國藥劑師愛彌爾·庫埃（Emile Coué）曾說過一句使人產生了巨大影響的話，因為這位庫埃先生發現，當他把自製（那時候人們還會這麼做）的藥丸交給他的顧客，並告知這是治療他們的病最好的藥後，會產生非常不一樣的效果，那張正向說明書讓這些藥物的效果變得更好了。如今的我們可能會提到安慰劑效應，這種效應遭到了不公正的嘲笑，事實上，這種神經生物學方面的效果是可以測量得出來的，而且還因此得到了醫學研究方面的肯定。

這很令人驚訝，不是嗎？那句愛彌爾·庫埃所說的非常有幫助的話，成為了他的「自我暗示治療法」的基礎，這句話是這麼說的：「我一天、一天的，在所有方面都會越變越好！」

運用：請盡可能常重複這句話，如此一來它就會發揮它的效果，因此如果你收下這句話並且整天在心裡重複多次，非常有可能會發生：你一天、一天的，在所有方面都會越變越好！這是最微妙的精神訓練。

根據我個人的經驗：我會在例如難以入睡時使用這句話，並打算連續將這句話唸二十遍，而效果則是：最慢在我唸到第十二遍時，我就會睡著了，或者是第十三遍？總之我從未唸到第二十遍⋯⋯

第 12 章

我要如何才能自由？

　　自由是個很大的詞，不過自由早已始於思考之中，好吧，
這是很多人喜歡委與他人之事，因為有時這會是很辛苦的事。

　　以前我曾幫一個企業工作，這個集團有著相當明顯且不斷
成長的階級制度，該公司裡流傳著這樣一句格言：「你不是到
這邊來思考的，我們已經將思考外包了，我們允許思考，同時
我們還更前衛：不久後我們也會讓你瞭解。」

　　沒錯，這是天大的笑話，這當然不是事實！（眨眼）

　　不過我們偶爾必須要問問自己，我們思考的事情，是否
源自我們自己的經驗世界並且表達出我們的價值觀呢？或者我
們只是在「跟著思考」別人傳達進我們腦中之物呢？例如工作
──生活──平衡就是這樣的一句廢話。

工作──生活──平衡

曾經聽過類似這樣的說法嗎？從現在開始，我們要讓工作與生活取得平衡，使工作藉此能更適合生活一些。胡說八道！我們讓生活獲得平衡，那麼工作也可以，最多就是生活──工作──平衡，或是前兩者都一樣：生活──生活──平衡，或者如果你希望的話：平衡的生活。

如果生活配合工作而平衡了（工作──生活──平衡這種空話意味的就是這個），到底獲利的會是誰呢？最起碼不會是你。

我的一個好朋友，他在一間德國 DAX 指數[註1]公司做到了很高層的位置，他告訴我，他如何快被工作──生活──平衡給逼瘋了，以及為何他會用胡說八道來形容這個詞。

因為在他的公司裡，大家把工作──生活──平衡的概念理解為一種安慰劑，就像免費進入健身房的管道、晚上十點後不打電話（除了重要的事情以外）、週末不寄 E-Mail（除了重要的事情以外）以及管理群的 WhatsAPP 群組只會被用來傳遞私人訊息等。

這該是一種平衡嗎？基本上不是，因為雇主絕不會為了他的員工而放棄隨時可聯繫到人的先決條件，他只是不再公開表現出來而已。

註1　德國 DAX 指數：德國重要的股票指數。

作為（固然是正規的）薪水的報償，是私人生活的乏善，賺得越多，工作就越多——但是何時才能去享受這些錢呢？由於人們還能以那麼多美食與小玩意來提供獎勵，以及發表關懷員工的官方說法，這些雇主的態度一直以來都是以金錢來支付人生時間，多少錢就買多少時間，就企業經濟的角度來看，這一點都不需要被譴責，這種態度反而被美美的包裝成工作——生活——平衡，聰明地侮辱了每個想法亦然的員工。

我這位朋友如今在同一個集團的同一個職位上工作得很滿足了，不過他的態度已經澈底改變，「我付出我能做得到的最好程度，這樣就夠了。」這對他來說，代表著他可以在下班後放下一切、掌握他自己的自由，思考自己想去想的事，表達自己的想法，並且把自己的私人生活放在第一位。工作立刻變成了生活的一部分，而不是生活是工作的一部分，同時他用百分之一百二十的績效證明給他老闆看，這樣也是行得通的。

就這件事而言有一點非常重要的是，應該讓你的生活獲得平衡的，不是工作（無論你做得多好、多成功），也不是你的公司或雇主，而是你一個人的責任，這意味著自由與責任同時存在。

為了再更進一步，請容許我們在這裡簡短談一個議題，此議題在我們每一個人心中或多或少都非常明顯地流走過：制約。

刺激與反應——或者：狗並不笨

俄國醫生伊凡・彼德羅維奇・巴甫洛夫（Iwan Petrowitsch Pawlow）曾利用一隻狗，呈現出古典制約是如何作用的，「巴甫洛夫之犬」如今已成為了一個固定的概念了。

他的實驗其實相當簡單：在拿出狗的食盆時搖動搖鈴，重複這個動作幾遍後，他又搖動搖鈴但卻沒有準備食盆，他發現狗依舊會流口水，對牠們而言，鈴聲已經變成開飯的信號了，因此開始有了制約，收到鈴聲的刺激後直接就會導致流口水的反應。

右圖即簡單呈現出受刺激後所導致的直接反應：

刺激

條件反射

結果

所有反應之後當然都會伴隨著結果，不過我們只能間接影響結果，直到反應的那一刻起，我們都是演員，接下來我們需要按照周遭環境對待我們的方式做出應對，你當然不能與狗相比，但日常生活中還是能觀察到很多制約。

請捫心自問，當你的 Email 收信音或手機訊息聲響起時，你會有何種反應？馬上去讀信息（或者當你知道自己接到信息但卻不知

道其內容時，你會感到坐立難安）？

當電話鈴響了，你會立刻接起電話——即使你知道目前並不適合聽電話？你在購物時會目標明確地把朋友誠摯推薦的產品放進購物車裡，雖然你其實想買的是另一樣產品嗎？

如果有人告訴你，你可以做得更好時，會讓你覺得心裡無法平靜嗎？另外，你會對所有批評提出辯解嗎？

我們的日常生活中存在著各式各樣的制約形式。

重要信息：一旦我們受到了制約，那麼決定我們反應的就不是我們的自由意志，而是受到制約的「刺激——反應——模式」。

在我們問自己目前的狀況是否可以講電話或者是否恰當之前，我們就拿起了聽筒、接起了手機，我們甚至會因為自己似乎不是很願意在電話上和對方交談而覺得冒犯到通話對象，只是因為我們受到了如此的制約。

不過還是有希望存在的，因為巴甫洛夫這個古典制約實驗的第二部分極少被提到：如果獎賞長時間下來都落空的話，制約就會解除，也就是說：如果搖鈴常常響起，但卻沒出現備好的食物，那麼狗兒們就不會繼續在鈴聲響起時流出口水。

換句話說，我們還是有些幸運的，我們不是絕對會受制於制約反應的，因為只要我們常常去抵抗那些刺激，也就是不立刻、不反射式地去回覆 E-mail、訊息、電話或批評，受到的制約就會減弱並解除，用圖像來解釋的話，就是我為自己在刺激

和反應之間製造出一個空間，如下面的
圖示：

刺激和反應之間的這個空間可能持
續幾秒鐘，也可能持續幾天，我們可以
在此期間問問自己的良知、創造力、經
驗、創作意志甚或是某種值得追求的想
法，我們究竟想怎麼回應這種刺激，是
否該接電話或是在某個適當的時間點再
回電？是否該回覆 E-mail 以及怎麼回
覆？是否該對批評有所反應？抑或該轉
而做出反擊呢？

這個介於刺激和反應之間的空間屬
於我個人的自由，沒有人可以奪走它，我們越好地、越自主地、
越自決地將它填滿，我們就會越自由。當然我們自由選定的反
應將會引來我們周遭相應的結果，不過我們會從容地面對它，
因為當我們站在選定的反應之前時，我們會覺得很輕鬆，我們
是自由地做出這個選擇的，你看出差別在哪了嗎？

因此火已滅的倉鼠是更自由的，因為他們掌握了自由，自
己決定自己的反應。

在此我們想激勵你花一些時間去思考一下，將來在某些特定
狀況時你希望如何反應，你有機會跨出中斷「刺激——反應——

模式」的第一步。請利用空白處創造出你自己的制約模式吧！

如果今天……	我本來都是這麼做的：	從現在開始我想這麼做：
電話響了		
收到簡訊		
我被人批評了		
我察覺到他人的目光		
我接到某項任務		
*		
*		

不過我不能……

……如果別人不允許我的話。

是的，自由就是這樣，想法是無限的，但在冷酷的現實中卻是有著邊界的，其中一種我們已經在承擔的義務中敘述過了。

另一種邊界則是由其他人（朋友、家人、同事、員工、上司、客戶、配偶）或機構（法院、行政機關、立法機關、或其他你必須遵守的條文法規）為你設立的。

如果忽視或否定這些邊界，那完全可說是怠忽職守了。不過我每天看診時常會看到許多太早就感到滿足的倉鼠，就像我們提到過的繫在細繩上的大象那樣。

我們可以透過一個簡單的模式來描述這種某區域會對你產生直接影響的狀況，你可以在這個區域裡樹立起規則、換檔或支配。

核心訊息是：請取回你自己的影響區吧！

這麼一來就會有一個身在其中的你只能間接影響的區域了，就如同你雖然在一場政權關係的選舉當中以選民之姿共同做出了選擇，但此後你的影響一般來說就中止了，除此之外第二個訊息則是：你強勢地投身於自己周遭的環境，並且拓展你的間接影響區域。

我們建議：請接下這兩個區域的設計師角色吧！

- 在直接影響區裡請按你自己的意思（再次）肩負起領導者角色。
- 在間接區域裡請表現出你的強勢投入。

此建議伴隨有一條原則：雖然我們無法改變全世界，即使我們非常希望能這麼做，但是我們非常能夠改變我們個人周遭的環境，

因此讓我們聚焦在我們能夠改變之事上——而且堅定地這麼做。

你將看見：你的影響區比你至今可能認為的還要大得多，而且沒錯，你的想法是具影響力的，同時將會被聽見。你有力量，你有影響力，因此你至少是和「其他人」齊平的。

針對這點，下面的章節中會有一些阿克瑟‧貝格的個人想法和清晰的文字。

請為自己負責

讓我們再重申一次：謾罵政府以及上司並無法為你的日常生活帶來什麼好處，甚至是什麼都沒辦法做到，請喚醒自己的意識：你自己必須每天早上起床並且想辦法賺錢養活自己，同時不能被別人奪走重要之物——因為上面的人很可能會做出如他們所願之事，不是嗎？

當然，在柏林、維也納或伯恩等地，有些政策可能或多或少會直接影響你以及你生活周遭的狀況，這點無庸置疑，不過你的人生還是掌握在你自己手中的。

這種簡單甚至有點令人驚訝的認知讓我的人生變得輕鬆許多，我的思考世界也澈底變得更清晰，因此我的忠告是：請自己為自己負責並看著自己如何應付。即便這聽起來很糟，但是你只能非常有限地改變這個世界，原則上只會在你的直接領域之內，因此請在能間接造成某些影響的地方做點好事吧，而且這樣對你也是有好處的！例如當義工、參加社團或者在你們村子裡建立一個（保護動物或保護人們的）社團，請保持友善，將你周遭的環境轉化成一個沒有混蛋的區域，把搗蛋鬼或能量吸血鬼趕出你的生活，從沒必要的負擔之中解放你自己，將家裡整理乾淨，捐獻物資或服務力給公共福利組織，（重新）與那些真正能夠對你有益之人建立起良好而友善的關係，如：地方政客、行政機關人員、客戶、某某部門的親切同事、朋友——以及家人！

《摧毀那個毀掉你的東西》（Mach kaputt, was dich kaputt macht）這是德國搖滾歌手里歐·萊瑟（Rio Reiser）與作曲家諾貝特·克勞塞（Norbert Krause）在 一九六九年創作的歌，一九七〇年由德國搖滾樂團「陶瓷、石頭和碎片」（Ton Steine Scherben）公開發表，在某種程度上這並沒有什麼不好，不過僅

部分有效。

這也是一種預防過勞的方式：將注意力集中在對你有益的，而不是那些會毀掉你的事物上，請寧願去做某事，而非去對抗某事，將你的能量獻給好的事物，將能夠帶來意義與喜悅之物拉進你的生活裡，想想什麼能讓你的人生、你的周遭變得更豐足。

遠離那些對你無益或你覺得和他們在一起感覺並不好的人、朋友、客戶、家庭成員（！）、同事、聊天對象與顧問，請將無法回收的、尚未支付的帳單結清，不要把錢丟到水裡。轉過身去好好享受，你將會發現，當我們卸下負重後，人生竟然可以變得如此的輕鬆。

又輪到你了，托爾斯登。

第 13 章

驅使我的是什麼？

俗話說：「不進則退。」這句話已經被人們吹捧為一種驅使力了，這真是太可怕了。

還有一句出自經濟領域的幫助不大的句子是：「停滯不前就是退步。」這兩句話是我們這個時代的代表，不要停下來、不要去享樂，要不斷前進、前進，不斷向前。

除此之外，有一種隨處可見的盡善盡美妄想症，所有東西都必須更苗條、更纖細、更智能，不管我們倉鼠是會否因之而受苦，不管我們是否看到自己不斷地在效益的祭壇上犧牲。在盡善盡美預言家的眼中，這些妄想症的附帶傷害受到了制度的制約，人們藉此忍耐著，重要的是你的功成名就。

這一切值得嗎？

「The winner takes it all, the loser standing small」（勝者為王，敗者為寇），瑞典流行樂團 ABBA 早已用朗朗上口的方式分析

過我們這個占領著優勢的體系了。

　　請捫心自問：哪種形式的成就算是你個人的成功？對你來說成功就只是由數字呈現出來的業績嗎？或者成功也能以生活品質、樂趣、個人覺醒等來體現？我們要為業績數字付出多高的心靈與身體的代價呢？

　　如果我們認為成功就是純粹的數字成績，那麼我們就是在一個只能短暫抓住的邏輯內活動，即便它是占優勢的。不過成功也是有不同層面的，我們或許至少（現在就）可以思考看看。我能夠推薦給您的其中一種可能的態度是：原則上以雙贏為解決辦法。

　　雙贏的先決條件：以找到共識取代妥協。就這點而言，除了某種程度上的創造力以外，還必須要能自由做出決定（這方面我們已經提過了）。沒錯，我想要贏，但是只有當他人也贏的時候才是勝利。

　　達到雙贏時，首先會有很好的效益（因為做了正確之事），其次則是會很有效率（因為把事情做對了）。除此之外，雙贏態度中也值得注意的是，絕對有可能雙方中的其中一邊不能達成贏局，或許是因為另一方不想行動，又或者是因為能達成目標的解決方法對你來說並非勝利，那麼比較有意義的作法會是：放棄協議，藉此給自己留下機會，或許可以趁機（也就是適當的時機再度出現時）重啟對談。你不知道什麼是適當的時機嗎？

不用擔心：我們會在下個章節介紹這位友善的朋友。

小技巧：下次請試試帶著一種態度去達到成功，即「不是我們雙方都獲勝，就是我們無法達成協議」，出於經驗我可以說：事情對你來說只會往好的方向發展。

換個議題：驅使力

關於驅使力的概念，已經有知名科學家做過研究了，例如建立了人際溝通分析學說的艾瑞克・伯恩（Eric Berne）。這種形式的驅使力你或許並不陌生，而且也許就是下面的其中一個句子導致了你內在的驅使：

- 「要做到完美！」
- 「要盡力去做！」
- 「動作快一點！」
- 「堅強一點！」
- 「要滿足他人！」

對那些容易罹患過勞症的人來說，常常是上述的某個或某幾個驅使力在影響著他們。

另一方面，驅使力就是制約，是我們在幼年時期學來的，也就是在我們開始認識生活中的自己時，就這點來說很重要的

是：這種驅使力會一直影響我們，直到我們為了脫離這種行為
模式，而有意識地去使用介於刺激與反應之間的那個空間為止。
你還記得上一章的內容嗎？如果你還想知道其他驅使力，我們
在此為你列了一份小小的清單，這張清單可以任意延伸：

- 「要聽話！」
- 「要謙虛！」
- 「動起來！」
- 「克制自己！」
- 「不要有異議！」
- 「注意你自己的行為舉止！」
- 「金錢就是地位！」
- 「不要自以為了不起！」
- 「先做出成績來！」
- 「不要覺得你自己有多重要！」
- 「只有做出成績的人能夠提出要求！」
- 「百分百是不夠的！」
- 「笨蛋永遠是最晚才到的！」
- 「你應該要比我們好！」
- 「我們必須為了我們的錢辛苦工作！」

　　如果你在讀這些命令句時覺得很熟悉，而且心中興起一種強烈的感覺，那麼你就能夠推斷自己正好認識某個對你很有影響的驅使力。假如你又想到了某個你自己的驅使力，請利用下面的空間寫下來：

....

....

　　我們會在「成為睿智的倉鼠」一章再回來談這個話題，但是不要休息太久，我們「必須」繼續前往下一個章節。

也是種驅使力：「我必須！」

　　我們的語言是很出賣我們的，當我們說出「我必須……」的時候，我們永遠能夠推論出，某個我們的驅使力正活躍著。

　　請聽聽看其他倉鼠在說話時多頻繁地說出「我必須……」這幾個字吧。

　　你非常有可能很快就會發現，那些自覺沉著冷靜、幸福、居於中心地位之人，比起那些覺得自己被束縛住、沒有力量以及受到驅使之人，當他要形容一種行為時，很少會使用「必須」這個詞。

　　站起來！實際去做：如果你想做個小練習來看看「必須」

這個詞對自己做了什麼，你可以站在鏡子前，看著自己的臉，然後說：「我必須」，請觀察自己以及臉上的表情，為了做個比較，請你再觀察自己說「我想」的樣子，你發現差異了嗎？請試著在你說「我必須」時微笑一下，很難，不是嗎？我打賭：你只能成功在說「我想」時露出坦承、真摯的微笑。

小結：「我想」對我們來說顯然更舒服、更自由。

必須做某件事意味著，我們必須受制於某個高高在上之人、某個外來壓力，而且必須聽命於他。也就是說，「必須去做某事」之人聽從的是別人的意志──而不是自己的。

一個自由之人會透過做決定來展現自己的自由意志，而其意志的標記則是「我想」一詞，他可以說自己是自由行事，這也正是我們想與你一同前往之處。

再一個小結：因此你常常可以由「我必須……」這樣的語序發現驅使力，如果你聽到內心或自己大聲說出這個詞，你就應該敏感起來，你的驅使力正試著要驅動你做出某個行為。你應該問問自己，是否你自己也是真的願意這麼做。這樣的優點是：在這個當下你已經非常有效地打斷了「刺激──反應鏈」，並走上了通往你個人自由的道路。

「必須」已經成為過去──自我允許才是現在式。

第 14 章

我如何利用我的時間？

「你們有手錶，我們有時間。」──非洲諺語

「噢，對啊，如果我有時間的話……」你是有時間的，有一輩子的時間！

這世界上沒有其他東西的分配會像時間一樣，無論平窮或富有、健康或患病，對每隻倉鼠來說，一天都只有二十四小時，當然其中還包括了晚上在內，沒在開玩笑！

人們沒辦法買到時間，這是好事，只可惜時間不能儲存起來。你應該已經感覺到了：所有的問題一直都在於我們由何處開始使用我們的時間，我們設定了哪些優先順序？什麼是我們認為重要以及不重要的？

火已滅的倉鼠不會（再）將這種重要的觀點、這種決定交到別人手上，而是敏銳地注意著自己的時間會產生什麼狀況，

或者他如何更好地利用時間，因為可以確定的一件事是：時間是很珍貴的，而且就所有平均分配的方式而言，時間對每個人來說都是有限的。

大量受人援引的古希臘人早在幾千年前就認知到：時間有著不同性質，因此他們在奧林匹斯山上為時間準備了兩張椅子，也就是給時間之神柯羅諾斯（Chronos）與凱洛斯（Kairos）的椅子。

柯羅諾斯，流動時間之神，我們將他當成計時器（鐘錶概念的由來）戴在了手腕上，除此之外，所有我們目光所及之處也都有祂：牆上、公共場所、螢幕上、智慧型手機上等等，祂不斷地提醒著我們現在幾點了。

相反地，凱洛斯，這個在我們這裡不太為人所知的「好時機」希臘之神，他不需要鐘錶，當運氣來臨時，或是狀態允許，並且能感覺到是個「好時機」時，便是祂到來的時刻。在這個忙碌的時代，我們常常沒注意到，當我們匆忙地趕往下一個行程、活動、體驗或會議時，機會一個接著一個地流逝。我們常常抱怨自己就是沒空去做些自己想做的事，錯了，因為凱洛斯一直都在那裡，只是我們成功地忽視了祂。時間正滴答、滴答、滴答地流逝……

注意：現在，也就是此時此刻，大概只有三秒鐘而已，這是時間科學家研究出來的，也就是說，我們只有這麼一小段時間能夠去決定，自己是否想將這瞬間奉獻給柯羅諾斯或凱洛斯。

你的決定是什麼呢？

除此之外，古希臘人非常明白，只有柯羅諾斯與凱洛斯之間處於平衡狀態時，才有可能達到期待的目標，因為如果我們只獻身給柯羅諾斯的話，我們將會錯過許多生命中美好的事物，而且這些美好也只是轉瞬即逝。反過來說，如果我們只專注在凱洛斯上面，便會一無所獲，因此，成功的保證是兩者平衡。

如今，我們有著比圖像式古希臘神祇更現代的概念，我們將柯羅諾斯結合上了效率的概念，而凱洛斯則是效益。針對這兩種概念有個很好的解釋：效益是做了對的事，效率則是將事情做對。因此，只專注在其中一方是沒有意義的，這兩者同等重要，關鍵在於前後順序，應該是：先效益，後效率。

我在許多諮詢工作中都會強調，意識在這方面是非常有發展性的，在企業日常裡通常極少會去關心究竟什麼是我們應該專注的正確之事，反而是將非常多的精力都花費在提昇行動效率上，只是：如果非常有效率地完成了錯誤的目標，我們究竟能得到什麼呢？

如何才能達到將更多的時間花費在正確的事情上呢？現在讓我們來聽聽義大利人怎麼說。

帕累托：來自義大利的睿智的法則主義者

重要的事物要優先於急迫的事物，同時還要留心效益與效

率——我們不是第一個有這種想法的人。

義大利工程師、經濟學家與社會學家帕累托（Vilfredo Pareto）曾對此有過思考，並且創立了與自己同名的一套法則——帕累托法則。他認為百分之八十的成果僅透過極少量的約百分之二十的付出就已能達成，因此這個法則也被稱為 80／20 法則。剩餘的百分之二十的成果需要耗費百分之八十的付出才能獲得。

由下圖可看出成果與付出的從屬關係。

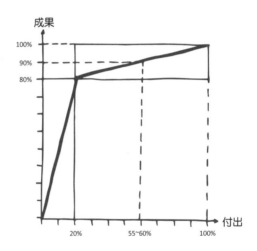

再說一遍：要達到百分之八十的成果，我只需付出百分之二十的力氣，但是如果我想要完成的是一個完美的、百分之百的成果，那麼我就需要付出百分之百的力氣，就是這樣。

由之可以推導出某些對你的自我管理而言很驚人之事：

- 如果你滿意於達到百分之八十的成果，而非想做到極致，那麼你可以完成五件同類任務，否則的話你在相同的時間之內只能完成一份任務。
- 如果你說，百分之八十太少了，下次你要試試看百分之九十，那麼你還是能夠節省盡一半的付出，並且將你的效率提升到將近百分之兩百。我認為：無論是老闆還是客戶，沒有人能區分出一件達到百分之九十的成果與百分之百的差別！試試看吧。

你不需要設備或投資，只要做出一個決定，一個臨時小結或不夠全面的結論：完美是沒效益且會造成過勞的！

唯一的問題是：我要如何知道做到這已經夠了呢？我們只能事先定義出何時是足夠的，如果我們在工作開始之前忽略了為「充足的」成果做出定義的這一個步驟，那麼我們就會一直工作到百分之百完成或為任務付出過多為止，這是一個惡性循環……不，是倉鼠輪！

但是我們怎麼樣才能知道自己已經做得很好了呢？你還記得之前提到的百分之八十的廣角圖嗎？如果我們用這樣的視角來看待我們的成果，我們很快就會知道一件事情何時已經夠好了，當然，這需要練習，但是為什麼不能勇敢地去試試看呢？

另外一個能幫助認出何時已足夠的可能性是：當很吃力的

時候就是已經夠了！

為什麼？一樣很簡單：從來沒有人被付與了必須要很吃力地去達成目標的法律效力。也就是說，當事情變得很吃力時，這是首個清晰的標誌，告訴你在這裡先停下來、中斷一下，或許可以去找尋一條較簡單的通往目標之路，不顧一切的堅持下去並且一而再相反地去奔跑，這無法帶來什麼意義，較有效率的作法是：退後幾步並辨認出若非牆上有著一扇門，就是我們可以繞過牆走。

現在你可能會提出異議，核銷或收支表不能只做百分之八十，若非做到百分之百是無法使用的，是的，絕對是這樣，不過你的工作不會只有收支表或核銷吧？在你的工作領域內，一定有一些可以靠 80 ／ 20 法則就獲得一定效果的事務。

無論如何，你要使用何種標準來定義「夠好」，這自然完全是由你決定的，我們怎樣也無法告訴你什麼在你自己的意義上是對的。不過，無論是什麼標準：它將幫助你更有效率、更有效益。完美吸收——百分之八十法則！

另一個看待時間的角度

「我們不是沒有時間，而是有許多沒有利用到的時間。」

——塞內卡（Seneca）

再來多看一些古希臘，這已經不是本書中的新鮮事了？是的，古希臘羅馬的哲學家是很厲害的。

就連塞內卡也是，他並未擁有我們如今所認知的那種鐘錶，但是他卻對時間知之甚詳。無論是希臘人還是羅馬人都認同於時間應該要利用在重要的事情上，今天的我們卻多半在試著用某種方法將所有需要處理之事擠入一天之中，並且感覺到自己的速度快得就像輪子上的倉鼠。

快速詢問一下 Google 這該怎麼辦？噠噠躂、噠噠躂，一個時間管理系統應該能夠協助你以更好的方式去協調所有事情。

「效益決定了行為，人們盲目地指望著其他人。」——這句歌詞出自德國歌手彼得・席林（Peter Schilling）的歌曲「湯姆少校（Major Tom）」。抱歉離題了，讓我們回到……時間管理，這是個很大的詞，它讓人覺得人類似乎有能力管理時間。由我的經驗可以告訴你：這是辦不到的，所有我在自己身上或我的患者身上所觀察到的嘗試，無論是時間規劃表、待辦清單或是昂貴的程式，基本上全都只會讓我們更清楚知道還有哪些事尚未如計畫運作而已。

我們使用的基本上都是管理工具，其實我們透過時間管理這個概念真正想追求的，是讓我們過得更好，以及讓我們有時間再去做那些基本之事，可惜的是，沒有哪一種我們從架子上拿下來或安裝在我們電腦上的產品能夠辦得到，我們透過時間

管理最多只能完成提高效率的想法，而非改善效益。一個真正能讓我們更進一步的工具基本上會是一種引導工具，而不是管理工具。

拋開時間管理，擁抱自我領導，請多做對的事情！

如何能做到呢？首先，我們所在找尋的工具並非真正的工具，而是一種態度，這裡關係到的是要區分出急迫的事情與重要的事情。

最重要的優先：只有你自己才能決定什麼對你來說是重要的、什麼被歸類在急迫的，就這方面來說你同時擁有自由與責任！

倉鼠輪子：你也可以繼續將關注主要放在急迫而並非重要的事物上，因為你注重的一直是效率，不過這麼一來你就沒有多的時間能分配去制定計畫、擬定策略以及生活願景了。

不過如果你改變了視角，將重心從急迫轉移到了重要之上，尤其關心效益，也就是關心重要之事，那麼你就會擁有足夠的時間去處理後續發展、計畫、策略，甚至是自己的修養生息與康復。

因此就成功的自我領導來說，重要的是將時間（你的時間）從迫切要做的事情上挪開，轉而投注在重要的事情上。

好的附帶效應：除此之外，事後還是能找到時間去處理那些必要之事，因為如果你可以多關注制定計畫與事前準備，事

情就越不會變得急迫，然後：你逐漸會發現「事情做到這樣就可以了」的正確的時間點。

到了最後，你又可以大口呼吸並且從做出反應轉變為有所行動，你（再度）接管了自我領導。

實際運用的話會怎樣呢？通往自我領導的道路會越過兩條主街道：委託大道與說「不」林蔭路[註1]。如果你一直都將對你來說不重要之事委予他人，並且對你不想做之事說「不」，那麼你就會獲得（更多）時間去做基本之事。聽起來很簡單嗎？其實不然，否則你早就這麼做了，請想想那個繫著繩子的大象的例子，只有當你去嘗試時，你才會知道自己能獲得哪些自由。

為避免你不知道或者忘記：委託意味著當約定好的成果完成後，你才會再次去關心該議題或任務。小心陷阱：若你還是不斷地監控，那麼你就會一無所獲。因此委託永遠都伴隨有信任，信任那個被你交付任務之人的能力與可靠度，即便自我領導意味著更關注在重要的事物上，還是會剩下很多額度固定的工作需要完成，畢竟你在公司裡又不是多餘的。

在此我們還要給你幾個建議：

有些人覺得比起度假完後，坐在堆積成山的 E-mail 前，並且在回來上班一個禮拜後，覺得自己好像從來沒去度假一樣，在度假期間每天回兩次 E-mail 是比較輕鬆的。

註1　林蔭路：（英語：The Mall），是英國倫敦的一條馬路。

你知道這種方式？你知道的！請有意識地做出決定！找到對你而言更好的運作方式，也許可以在其他人都還沒到之前早點進辦公室？根據我們在親友之間所做的內部調查，這常常會是整個工作週裡最令人開心的時光，對許多倉鼠來說，這完全就是種享受。

關於星期日：我們認為週計畫會是一種很好的方式，可以讓你完成更多重要之事。請在星期天晚上拿你的行事曆好好地為下週制定計畫，不要在工作一開始時就立刻安排會面行程，私人約會以及自己與自己的約定才應該填在此處。另一個來自實戰經驗的小技巧：安排得寬餘一點！倉鼠們都知道：總是會有什麼又突然冒出來。

因此請在你的行事曆上留一些空間，可信的經驗法則是：千萬不要用會面或具體的任務，來計畫超過可使用時間的最多百分之六十！你將會發現，一天自然就「滿了」──但並不是「被塞滿的」。還有：對於幫你安排時間的人選請挑剔一點，如果可以的話，請不要將你的時間交給其他人管理。

第 15 章

什麼時候才會滿足？

「目標幾乎沒有從我們的眼界裡消失，我們的辛勞卻多了兩倍。」
——馬克·吐溫（Mark Twain）

從實際運用到哲學，下面提到的內容多加思考一些會是值得的！

兩個能夠對我們的態度產生影響並使之轉變成滿足的動詞分別是：「擁有」與「存在」。

如果我們的生活原則是永遠想擁有得更多，那麼我們永遠也不會滿足，但是如果我們的目標是滿足，那麼我們就不需要擁有很多的物質財富。

擁有或存在——這也是心理學家弗洛姆（Erich Fromm）的一本知名著作的標題。他在書中解釋到，我們今日的社會因只受擁有與想擁有這兩種想法支配而承受著巨大的痛苦，人降為

了經濟體系的僕人，同時永遠想著要擁有得更多，因為體系是如此計畫的。於此同時，個體卻完全與自己疏離，與存在疏離，諸如過勞等疾病以及強烈的社會差異，則是體系本身所固有的。

然而如果火已滅的倉鼠不去定義自己所擁有的，而是去定義「自己是什麼樣的人」以及「自己是誰」，那麼就不一樣了。如此一來他便不會去積累，而是去體驗。如果達到了平衡，並且讓他存在的核心開始綻放，那麼他的個人就能像我們用存在神殿圖示意的那樣托負起他的存在。

因此如果我們為自己定義何時是足夠的，我們就能擺脫體系，同時擁有一個指出何時已經是夠好了的時間點。

啟發就到此為止吧，又輪到你了，貝格先生，再說點你的實際經驗吧！

降檔、縮減與休長假

這個章節是關於興致、有意識地降低一檔以及（重新）享受人生，是哲學與實際經驗──之類的！

降檔：為了重新加正確的油，乾脆切換到低速檔。

全知預言者德國維基百科稱降檔是「以自主、充實的生活為目標來縮短工時」。

對有工作的倉鼠來說這絕對是做得到的，在實踐方面這意

味著：每週四十個小時的工時降到三十個小時，在生活方式上稍微設限（由於銀行帳戶的負成長），然後就完成了。我有個作家朋友就曾這樣做過，他把自己在銀行的工作減半，於是他能夠更加輕鬆、花更多精力在自己的嗜好、生活願景以及寫作上，既成功又快樂！

另一位倉鼠同事則是幾乎完全下了車，他實踐了強勢版的降檔，完全煞車並下車，辭掉了銀行的工作（又是銀行，這是想告訴我們什麼呢？），他不玩了，接著是一段時間的休息，現在他成了自由工作者……倉鼠啊，我聽見你的沉重的腳步聲了！讓我們繼續看下去。

這樣也行得通：乾脆放半年或三個月的假

關鍵字——休假：我要休息一下，休息個一年或半年！在美國待六個月，或待在澳洲、朝聖之路等。休長假意味著一種工時模式，一種經由一段較長時間的特殊假期而產生的暫停期。我看得見你！我看得見你正搖著頭，心裡想著：如果可以那樣就好了！我說：沒有不行這回事！可以的！必須行，也可以行，當然還是要根據企業規模而定。所有的問題只在於計畫、決定與實踐！我們都知道：好好地放個假，休養生息與思考一下可以創造奇蹟，所以請離開輪子吧，倉鼠們！對於在社團協會或其他公益團體裡工作的員工來說也是一樣的，當所背負之物過

多時：請休息一下，我們不需要把所有東西一次甩開，我們也可以休息片刻就好。

或許也是一種好思路：縮減

就技術上來說，縮減的意思是在相同或類似的生產力方面減小尺寸（例如體重、容量）──透過降低精力消耗的方式。請稍微暫停片刻，去運用這種與自己有關係的概念，這很有趣，不是嗎？

健康地縮減──而且要很有元氣的！作者究竟想說什麼呢？說白一點就是：請不要在每一場婚禮上都跳舞，請聚焦在自己的核心領域，你的精力消耗自然就會正面地向下降！

Part 5

成為睿智的倉鼠

「沒有人會因為有人對他人說，這麼做很有幫助、
很值得推薦，而去發展自己的人格。」
——卡爾·榮格（C. G. Jung）

章節前導

在這個章節當中，你將獲知更多如何將已知的知識，成功轉化為實踐的方式。根據我們的經驗，順利開始將某個你認為正確的想法轉化為實際，此過程是極為重要的。

也許你聽說過與此有關的所謂的「七十二小時法則」？此法則說的是應根據決定，在七十二小時之內（也就是三天之內）開始進行某件被認為正確且重要之事的第一步，因為如此一來，在實踐時也真的能達到與決定一致的機率是最大的。

如果三天之內什麼也沒發生，正向的驅使力常常就會白白流逝掉，當然，這在實際運用上並不意味著所有目標都應該或可以在三天後就達標，這比較是在說要鎖定目標、具體地將實踐的想法表達出來，並且做出實踐的第一步。

因此如果你在本書後續的內容中為自己訂下了目標，而且覺得這些目標對你將來的發展很是重要，那麼你就應該也為首個在未來七十二小時之內會施行的措施立出個期限。

也許是打一通你想打的電話、一個你想開始進行的調查，甚或只是重新目標明確地去處理你計畫要改變的想法。

我們現在要來說明下面這個三階段的倉鼠智慧提升法：

• 排除壓力因子

- 培養挫折容忍力

- 為將來製作倉鼠計畫

最前面的兩階段是用來幫助你持續停留在我們過勞模組的第五階段，當隻火已滅的倉鼠。

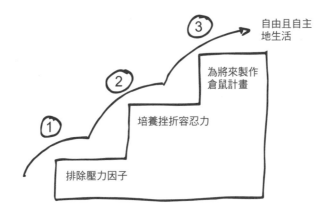

如果你成功持續克服了壓力並且對付了挫折，那麼過勞對你來說便不再是什麼嚴重的問題，此外還有一點很重要的是，未來對你來說應該如何繼續走下去？你希望在你能直接影響的領域中為自己培養哪些重要的事物？

我們的小技巧是：請制訂一份倉鼠計畫！

我們希望能激勵你去訂製一份這樣的倉鼠計畫，讓你未來有可能自由地生活，同時也抽走未來倉鼠之火的基礎。

第 16 章

步驟 1：消除壓力因子

日常生活中可能有非常多會對你造成影響的壓力因子。

誠如前言裡提到的，我們將在這個章節描述幾種日常生活中會遇到的壓力因子，我們認為，我們本來就對這些壓力因子有著相應的克服方式。當然本章並非完整無缺，而且我們也沒有資格這樣說，我們的目的更著重在讓你能藉由閱讀這些範例來辨別自己的壓力源、獲得思想上的啟發，或許還可以成功排除壓力。

對我們來說還有一點很重要，你不會因為想試著一次全部改變而產生新的壓力。請由適合你的、確保能產生最多成效的地方開始著手，根據前述的 80 ／ 20 法則，通常只需花百分之二十的力氣就可達到預期目標的百分之八十。

另外請允許自己保持沉著冷靜，因為你是有把握的：當學生準備好了，老師就會來了。當凱洛斯帶著好機運來訪時，從

現在開始你將能辨識出它並運用它。因此，動起來吧，別忘了做筆記喔！

請寬恕自己

這章節要談什麼呢？你、過去、德勒斯登與核心信息：不要再去做任何你不喜歡的事了——並享受這種狀態。

計畫：藉由放手來減輕壓力！請利用你人生中特定的事件來讓自己滿足並接納自己！

日常生活中的小小罪惡感？在熱狗、薯條上加一堆番茄醬？吃披薩？偶爾一瓶啤酒或一小根雪茄？食用 Nutella 巧克力醬或棕櫚油？體重計上多五到十公斤會太多嗎？不安的良心折磨著我們，我們是「即使很注意卻還是全都做錯」世代，可以到此為止了！

該怎麼做呢？請為你自己的人生與生活型態評個分，請根據以下原則為自己做出決定：如果這麼做能讓你過得好而且感覺很好的話，這樣也不錯。反之就請做出改變！當面臨難以抉擇之際問問自己該怎麼做，並假設你知道自己只剩一年能活，這樣做常常會有所幫助。傾聽你內在的聲音！你會怎麼做呢？人生太短暫，不值得做出與自己信念相反的行徑！

美國作家尼爾・唐納・沃許（Neale Donald Walsch）在朗達・拜恩（Rhonda Byrne）的電影以及同名著作《祕密》（The

Secret）裡，針對此議題說到了：「如果你覺得吃義大利燻腸麵包是件快樂的事，那就吃吧！」我愛這句話！

沒有理由過無趣的生活，不要終結樂趣！人生是彩色的。人在死前應做到的一百件事？不需要！舉個例子，我的一位朋友在心中告別了德勒斯登（當然德勒斯登本身並沒有做錯什麼，如果這個例子對你來說適合的話，請自己選一個地點來取代德勒斯登，如美國、澳洲、紐西蘭等等），他說他不用再去德勒斯登了，他寧願有空時和妻子到易北河邊——他們最喜歡的地方，無聊、較沒文化，但簡單、熟悉而且很漂亮，他很享受，這樣就足夠了！

請對自己寬厚一點，改變一下你的想法、你至今的目標，或者拋棄舊思維、揮別「錯誤的」或不現實的目標，這會讓你減輕負擔並帶走壓力，請你寧可去享受由之而得到的（心靈的）新自由吧！

「我昨天說的廢話和我有什麼關係呢？」德國企業家勞勃・博世（Robert Bosch）、德國政治家與作家特奧多爾・豪斯（Theodor Heuss）早就這麼說過了，或者這是前西德總理康拉德・艾德諾（Konrad Adenauer）說的？無所謂，總之請忘掉昨天吧。這世上至少有兩件事情是你無法左右的，一件是你喜歡的足球隊在下週末會踢得怎樣，另一件事則是：昨天！昨日已逝，消失在無法改變的時空，進入了永恆的獵場——無法挽回。

來談談（自我）責備的議題

請讓自己對此有所意識：雖然是過去發生的事，但是無論是你、你的父母、你的祖父、你的祖母或隨便某人，在某個特定的情況下，在當時已經都是盡其所能地做到最好了。

雖然回過頭去看，當時的事情不一定是正確的或者還不夠正確，但過去就是如此，就這樣發生了，不管是在此刻或當時，都不太可能有所改變或結束。

我的自由決定當中也包含著我專注在這一刻、專注在當下的意思，另一個相關概念是「此時此刻」，直到我能夠有意識地去感受我此刻的所作所為，並且在做這件事時不會想著其他待辦事項，我才能處在當下。

除此之外，幸運時刻持續的長度與當下的片刻一樣久，也就是大概三秒鐘左右，如果你只去看及將來臨的、尚未處理的事物，那麼在你追逐這些事物之時，便會錯過自己的幸運。

存在於此刻、活在當下，這就是我們想推薦給你的基本態度。請給予凱洛斯一個公平的機會，並且讓自己明白：我們只能在現在規劃未來，請專注於此，同時對自己以及你的周圍寬厚一些，如果我們能理解並內化這點，生活就會更容易。

喝水會使身心合一

脫水──這是個像判決一樣的詞，就這方面而言，脫水代

表的絕對不等於我們快要渴死了。

如果身體裡面沒有足夠的水分能保證所有功能順暢無礙，就會開始脫水，對於這種狀況的認知很重要，因為這同時是診斷與治療。根據世界衛生組織（WHO）的估算，我們的身體有超過百分之六十（孩子體內的水分更多，女性則較少一些）是由水組成的。有個壞消息是：為了儲存水分而喝水（囤積）是沒用的，因為我們的身體並無法將攝取過多的水分貯藏起來。

如果我們的自主神經系統認為身體裡的水分過少，無法保障所有功能正常運作，那麼少數幾個重要系統內的水分便會按定量配給或降低供給量，這是在我感覺到口渴之前就已經發生的。然而遺憾的是，顯然大腦對自主神經系統來說並非會直接影響到存活，因此它屬於首幾個被減少水分供給的系統之一，這將導致如注意力不集中、躁動或健忘性失語等症狀，你應該最遲在這個時候喝點水來補足水分含量。

注意力降低了？喝水是個很簡單的道理，如此一來身心便能合一了。順帶一提，喝咖啡取代水是沒有幫助的。咖啡雖然不會導致身體脫水，不過我們透過咖啡攝取下的同等的液體量，將會立刻又被排出來，這種公式同樣適用於多數的茶類。這是個零和遊戲[註1]。和義大利人借個小技巧：較好的選擇並非喝淡

註1 零和遊戲：在遊戲理論中，強調輸贏是相對的，當有一方贏時，代表有另外一方輸，正負相抵，最後遊戲的總和都為零，這就是零和遊戲。

一點的咖啡（也沒有人會喜歡吧），而是每喝一杯咖啡就搭配一杯水。

針對這個議題，貝格先生還有話要說，雖然有可能會有所重複，但是我們還是讓他來談一談吧。請你只要一有空就去喝水，什麼？你已經很久沒聽到這句話了？那麼我們很願意再重複說一遍：請你去喝水！

水能增進注意力、消化、燃燒卡路里，水能為細胞供給養分、排毒——總而言之就是：水對我們很好。如果我們喝得太少，我們的身體很快就會傳送出清晰的警告信號，如頭痛、疲倦、暈眩或注意力不集中等。是不是覺得聽起來很耳熟？那就去喝水吧！

經驗之談：有位人很好的女同事在辦公桌旁放了一瓶水，雖然這樣做很好，但是這瓶水已經站在那裡等她等了半年了，在日常壓力之下，這瓶水就這樣從她的知覺裡消失了。

重點 1：有鑑於此，請在你視線可直接接觸的範圍內放一個杯子並裝滿水！每次喝完後就要再把它裝滿。

重點 2：即便如此你還是會忘記喝水嗎？「吼搭啦！」你知道這句喝酒名言吧？這句話也適用於你的水。請時不時地就啜一口或者直接乾杯，三次 0.3 公升（滿滿一杯）就幾乎等於一公升了。工作開始時一杯，午休之前一杯，下班前再一杯。現在

就去喝水吧！

　　PS：你總是在路上嗎？每個加油站都有可以補充水分的地方，而你車上的杯架也將不再是無用的存在了。

　　所以，請記得喝水！

有意義的彎彎水果──就是香蕉！還要記得吃蘋果！

　　現在，我們就來每天吃香蕉，或是「一天一顆蘋果」讓我們遠離醫生，並開始脫離巧克力棒與速食。

　　關於「營養」這個令人煩惱的議題……我不喜歡吃蔬果，巧克力必須多來一點！我自己，或是你也有可能在熟悉的賣場的零食區前這麼說到。不過長期吃巧克力也不是辦法，我們已經討論過「糖」的議題了。

　　回到香蕉和蘋果。在日常的壓力中，這些飲食都是值得探討的議題，因為這兩位被點名的主角證明了自己的能力。

　　一條普香蕉（約一百或一百三十公克）的熱量是八十八～一百二十四大卡，因此它的熱量還是明顯低於瑪氏巧克力（Mars）、士力架巧克力（Snickers）與健達巧克力，不過卻富含鉀與鎂，這兩種元素對於肌肉及神經的運作、能量的獲取與電解質含量是很重要的（請想想網球好手鮑里斯・貝克（Boris Becker）與詩特菲・葛拉芙（Steffi Graf），他們總是會在比賽中

場休息時吃些這種黃色莓果[註2]）。

特別是燃燒中的倉鼠，這兩種礦物質的充分供給是很重要的，因為密集的工作、思考、決策與自我評估會使鉀和鎂的用量提升，除此之外，缺少鉀和鎂可能會引發心律不整，這樣也不太好。

香蕉還含有其他東西：其他礦物質與微量元素，如磷、鈣、鐵與鋅，以及維他命 C、A、K、B6，另外還有其他許多營養素。這些都讓香蕉成為一種完美的點心，而非只是水果，光是它那方便食用的特性就已經很棒了，不是嗎？

日常生活小提醒：如果你和我一樣不吃早餐、一整天也沒吃什麼東西，那麼請每天帶一根香蕉進入倉鼠輪裡。我已經習慣每天早上一定要喝兩杯咖啡配 E-Mail，我真的都能撐過去，甚至還能接上兩通電話或上路去拜訪客戶。

結果會怎樣呢？這個黃色的小傢伙至少能讓我平安無事地撐到中午。我之所以選擇香蕉，是因為它食用方便，不會吃得滿嘴都是又容易撕開，而且很快就能食用完畢。

到了下午就該讓另一位好夥伴上場了，它是來自南美的黃色水果的好朋友：（大）蘋果。（不是電腦那個，而是真正的

註2　黃色莓果：摘錄自「沒人問，貝格先生來回答」專欄：順帶一提，站在植物學的角度，香蕉屬於莓果類。

蘋果。）題外話：你是否曾想過，賈柏斯為何要將他的電腦公司用一顆有核的水果來命名呢？

在德國，蘋果是比香蕉還要常被食用的水果。

我們的水果味小提醒：請製造出一個儀式，每天吃一根香蕉加上一顆蘋果，並將它們放在你桌上的視野所見範圍，就像水杯的那個小技巧，套用在這同樣有效。你意識到的東西就會去吃，透過這樣的方式，你將會獲得很多礦物質與維他命。

胃裡空空的倉鼠，基本上會比肚子被填飽營養的倉鼠更易燃

除此之外還有一個好處是，如果胃裡維持著一定的飽足感，就不會嘴饞，或者至少能降低食慾。

PS：香蕉和蘋果這兩種天然的熱量供給源並無法取代午餐與均衡的飲食，而是調節、支撐並且協助我們更健康地度過每一天。

PPS：請記得喝水！

我很珍貴

每個人，就連貝格先生也一樣，要照顧自己，維持健康，為自己著想，請在這個點上自私一點，我們也可以這樣描述自私：只有當你過得好，你才能為別人做好事，如果連自己都過不好，除了燃燒過後的焦土外，你不會留下任何東西。

私人提醒：就我的案例來說，當我住在療養院時，我的另一半正忙著阻止生活變成燃燒過後的焦土。我不在的時候，她可以且必須領導公司，接掌舵手的位置，因此我和「公司」都很幸運。她卻沒那麼幸運，我一天天地好轉，但我卻能看到她逐漸變得不好，她雖然出色地克服了新的任務，但也為此付出了代價。照顧我、獨自在家、接觸許多新任務和新領域——這全都是壓力！無法克服的壓力！她當時已經可以想像這將會造成什麼結果了。

不過，你的狀況又是如何呢？你曾經發生過什麼事呢？請認真的想一想。

小提醒：請在一張紙上認真記錄，結論將（非常有可能）明確且極為清晰地被歸納出來。

結果：你必須多注意自己，用「預防」取代「開刀」！

如果你無法或不再能那麼認真看待自己的話，這或許能激勵到你：你虧欠了你的家人。

這裡還有幾個能讓你更深入珍惜自己的「許可證」，你可以：

- 勇敢說不
- 委託別人
- 鎖上辦公室的門
- 當你生病的時候就留在家裡

一次做太多：一心多用的幻覺

你的客戶、同事、老闆、家人與朋友全都需要你的關注，而且你還有待處理的私人行程。這讓人容易聯想到的概念是：為了節省時間，乾脆同時處理所有事，這又被稱為一心多用，意思就是能夠同時打電話、回 E-Mail、寫字、說話、聽人說話以及處理待辦事項。

除此之外，據說女人比男人更能一心多用，親愛的雄性倉鼠們，請冷靜：事實並非如此，這只是出自那種能夠快速在不同任務間切換的印象而已。

科學已經證實：一心多用的概念是種異端邪說，實際上人不可能一心多用！雖然我們表面上看起來好像能同時處理所有的事，但是出錯的機率卻非常高，因為我們實際上生來就永遠只能專注在一件事情上，無論男女都一樣。除此之外：同時處理許多事的想法不只會使效益非常差，還會極為吃力。

因此這裡的箴言應該要這麼說：請做完一件事後再做另一件事。或是說：如果你很急的話，就走慢一點。

順帶一提，想同時處理許多事而導致效益降低，這也是因為所謂的「精神調整時間」，一隻倉鼠需要大概十分鐘的時間來瞭解一個狀況。每當我們想投入某件事情當中時，就會發生這樣的時間消耗，而越常需要這種精神調整時間，就會浪費越

請試試看以下幾個能實際運用的小技巧：

- 鎖上個人辦公室的門，如果有人想找你的話，他應該要在門口再想一想，這件事情是否真的值得打擾你。
- 請規律訂定一段「無電話時間」，關閉手機，將電話轉到語音信箱或轉給某位同事（當然要事先和對方說好）。
- 關掉 E-Mail 或通訊軟體的訊息通知功能，只在規定時間查看新訊息。
- 集中處理同類工作（例如處理 E-Mail：固定每兩個小時花十五分鐘回覆 E-Mail，處理完後再去做其他工作）。
- 請善用「只處理一次原則」：一件工作只處理一次，也就是開始處理一件事情後就執行到底，如此一來就只需要一次精神調整時間。
- 最後：將你可供使用的「清醒時間」計畫至最多百分之六十，排得滿滿的行事曆很可能會導致你必須調整計畫，然後還要再去調整其他計畫，這只會花掉多餘的時間與精神，並導致你身邊所有的倉鼠全都背上一個「壓力包」──當然也包括你自己。

多時間，簡單來說就是：如果你必須多次去瞭解某件事，你會需要加倍的時間。

工作場所「開放門戶」[註3]的神話、多人一起使用的大辦公室（說實在的應該稱之為現代酷刑室）、隨時要接電話、立刻回覆 E-Mail 以及簡訊等，都非常浪費時間，而且是浪費精神調整時間。總之，人們在這種情況下還能處理好事情，實在是令人相當驚訝。

舉例來說：一天之內只要從一件工作上被轉移注意力六次

註3　開放門戶：在機構中舉行的活動，其門向大眾開放，以允許人們環顧該機構並瞭解該機構。

（這肯定是常常發生的事），光是精神調整時間就已經浪費了一個小時（6×10 分鐘的精神調整時間）。再繼續推算下去，一週就是五個小時，一個月是二十個小時。也就是說，每個月只因為被人打斷而讓你必須一再地投入某件工作當中，這將浪費差不多一整天（或兩個工作天）的時間，這一整天你可能寧願用來休假，這樣反而還能收獲更多，不是嗎？

可以肯定的是：你不會只因為行事曆上留有空白就產生無聊的時間。

打盹十五分鐘：小睡一下

「飯後你應該休息或走一千步。」但我個人喜歡和 Mr. 貝格一起躺在床上休息。

中午小睡一下是最好的辦法之一，這麼做可以讓大腦恢復活力，避免睡意湧上或產生筋疲力竭的狀態。除此之外還能夠保護眼睛，同時獲得一小段時間的安寧。

其他國家也會這麼做，尤其在亞洲地區，午休時間你到處都能發現小睡一下的人——辦公室裡、學校、公園或大廳裡。而且他們經常是坐著睡，重要的是：不要睡太久，所謂的小睡一下就是應該在進入深層睡眠之前便醒來。

據知名睡眠學者與心理學家所說，約十五至二十分鐘的睡眠時間，可有效提高注意力、工作效力與反應力，而且也能預

防過勞與憂鬱症，或是幫助已患病之人度過一天。

我現在已經瞭解到：在經過三個小時的會議或職能訓練後，我必須要休息！在幾年前，這還是無法想像的事，如果有人告訴我，我在過了四十五歲後每天都會睡個午覺，我一定會大笑。

重要的是：讓自己休息一下，也允許自己這麼做。

尤其是當我知道我將會有很長的一天要度過時 —— 晚上還有約會、朗誦會、協會會議、越洋電話會議或上個月還沒處理的帳目會議等等，我就會在中午讓自己稍作休息，回到住處吃些東西，然後小睡一下。

即便你不像我們一樣幸運，你的公司、辦公室或工作並不在你家附近，你也無需放棄午睡。我和我的另一半有辦法將公司與我們的私人住所合而為一，從那時候開始，我工作時不再一次做十二至十四個小時，而是會有目標地休息，並且以（更）合適的方式正常進食。通常到了下午五點左右，我會完全變得軟趴趴，覺得自己好像一團被吐出來的口香糖，所以這個時候我喜歡休息一下，然後再放鬆地做些事情。

順帶一提，像 Google 或 Facebook 這些公司早就已經瞭解這點，因此公司都會提供員工休息室，裡面配有沙發椅或躺椅。

你沒有睡覺的空間？或者老闆不願意花錢多建一個休息室？其實一張可以捲起來的簡單軟墊也能辦得到。我在接受培訓時，當時的一位部門主管就會在午餐過後，在他辦公桌後面

的地板上躺著休息十五分鐘……

讓我們時光倒流。在當年的新經濟網路 IT 小窩裡，我們有一張便宜的 IKEA 椅子，每當我們再度日以繼夜地趕工，或者我們當時的老闆因為偏頭痛而需要休息時，這張椅子再加上一塊布（它大到能讓我們好好地把頭和身體蓋住），就被我們當成了休息空間。當時的我們還沒聯想到過勞或類似的問題，再加上二十四小時或四十八小時的班配披薩和可樂，這簡直太酷了，但如今這樣吃的話會要我的命。

補充：如果你害怕午休之後會無精打采，那麼濃縮咖啡的小技巧將能幫得上忙。

好，我看見你眼裡的問號了。

讓義大利人示範給我們看：用餐過後，他們會直接在午睡之前喝下一杯濃縮咖啡（加上一杯水），然後再睡覺。大概過了二十分鐘後，他們會再度精神奕奕地（自動）醒來。原理：咖啡因正好就是在這段時間之後開始作用，透過睡眠恢復元氣，利用濃縮咖啡提供精力，請你試試吧！

用休閒時間來工作

如果你開始在心中盤算著利用休閒時間來工作，這時就要注意了。其實你正在放假，但是腦中只想著工作或未完成的「任務」嗎？

其實我現在很想看一下貝格和泰伏斯的新書，但我是否最好繼續做我的 PPT 呢？還是要把那份遲交很久的建議書寫完？或是烤耶誕節要用的蛋糕？還是要修改舊的協會章程？或是要去整理小孩的房間呢？一個可怕的倉鼠輪又開始轉動了。

從哪裡開始，就從哪裡結束，在這種狀況下，糟糕的並非要去衡量與決定何者或許更有意義、更恰當，如果某事明天必須完成：有一份重要的訂單必須做完、有個預定的慶祝會得去布置會場、小孩生病了或者必須去赴一個重要約會⋯⋯有的時候當然就沒有其他辦法，沒錯，每個人偶爾都會受制於某些我們很難去改變的事情，就是這麼不自由。

問題是，倉鼠多半完全不會察覺到，自己越來越常且甚至到最後只會為公司、「別人」（朋友、另一半、家人、鄰居、小孩）或者「計畫案」做決定，最終導致與自我意念產生極大的衝突，並可能落入過勞之中。結果則是：做出與自己意念相反的行動，忽視自己的需求。

如果你「選擇」了這條路，將會有個心理治療師建議你：請為自己製造一些自由空間，為自己做些事。然而，該做些什麼呢？許多倉鼠已經忘記或者甚至是完全忽視自己從前喜歡做的是哪些事。

或許是做瑜伽或打太極拳，不過通常都是些日常生活的小事。再次用一本書、一臺電視、一支手機或躺在床上度過一整天；

做做手工藝、縫紉、煮一頓大餐、聽音樂、玩電腦或玩遊戲機、和狗一起玩，當然到朋友家「晾」一天也算喔！

運動呢？當然也算，但只限於你以前也喜歡做的運動。如今所有人都「應該」做些運動，客觀來看這個建議也是正確的，我們將在另外一章仔細探討運動的正面效益，但如果你是「必須」做運動，那麼（奉勸你）還是算了吧，你完全沒有必須要去做的事。

小提醒：如果你不確定（或不再確定），那麼就試試看吧。去做做尊巴（Zumba）[註4]、瑜伽等等，重要的是：如果你上了一、兩次後覺得不太喜歡，那麼就放棄吧，誠如我所說的：你完全沒有必須要去做的事！不要又讓自己緊緊咬著某件事不放，你不需要在健身房「處理」你的時間，請只在你真正會感到開心時才去做。

以我來說，睡覺和懶懶地躺著就很有幫助，我從童年開始就擁有睡眠的習慣，我會躺在床上睡覺、看書、看電視甚至是吃東西。

一個適合這個議題的補充／問題：你最後一次覺得無聊是

註4 尊巴（Zumba）：是一項由哥倫比亞舞蹈家及編舞師阿爾貝托·貝托·佩雷斯，於一九九〇年代創立的體能鍛鍊及體適能項目。

什麼時候？

時間：_____

你不記得了嗎？

為什麼要提出這個問題？因為無聊會產生創造力。

再一次簡單地深呼吸！

一整天都這樣喘不過氣！你這輩子要吸氣和吐氣多少次？無法計算，那是當然。話雖如此，在呼吸的過程中，重複的頻率似乎無法說明它的品質。

即便我們一輩子都在呼吸，但我們往往卻不是這個行為的高手。

一旦發生很費力的事，就會止住呼吸，我們會在遇到某個令人害怕或不尋常的情況時屏住呼吸，要知道：好好的呼吸，尤其是放鬆的呼吸，是完好無傷地脫離這種情況的最好方式。

「呼吸專家」說過：放鬆的呼吸是經由腹部發出來的，而非胸腔，現在請觀察一下你自己是怎麼呼吸的。如果你很放鬆，那麼讀這本書時，你或許會感到這非常容易，全然放鬆地呼吸至腹部。

小練習：請進行大約三次呼吸，當你感覺你的腹部在呼吸時動了，那麼就請試著吸氣約三秒，然後再吐氣約五秒，並且隨著你的吐氣讓自己放鬆下來。

你感受到經由這種呼吸方式而產生的平靜了嗎？

如果你想讓這種舒服的感覺再繼續深入，請把雙手輕鬆地放在大腿兩邊，在每次吸氣時捏住拇指與中指，吐氣時放開，其他手指則不用去管。

日常生活小提醒：如果你發現自己在某個特定狀況下幾乎無法呼吸，請離開現場，找一個不被打擾的地方，深深吸氣與呼氣幾次，你將發現自己瞬間就放鬆了，而且可以清晰地思考了！

點亮冥想！

從呼吸到冥想，這是知名德國喜劇演員洛里奧特（Loriot）的過勞預防方式，但也許他是這麼想的：我就只是想坐在這裡而已啊！

這位知名德國喜劇演員維克·馮·布洛（Vicco von Bülow），別名洛里奧特，也是一位漫畫家。他筆下的那個鼻子圓圓的男人，只想安靜並且不受干擾地坐在他的沙發上，這就是我們所說的放空，就是什麼也不想做。

這是一個沒那麼容易的大膽行為，這個男人不斷地被他的太太唆使去做事（那個年代沒有網路、E-Mail、臉書與智慧型手機，電視節目只有三臺，而不是三百多臺）。

但是這個可憐的男人就只是想坐在那裡，什麼也不做，或許也不想思考，這種狀態已經幾乎接近冥想了。因此我們或許

可以宣稱，洛里奧特創立了西式的冥想，而且不是坐在硬硬的地板上，腳也不需要盤起來。

撇開玩笑，已有研究證實，每天只要規律地冥想五分鐘，就可以更加輕鬆地生活，藉此減輕壓力，而且還可以緩和諸如頭痛、注意力不集中與筋疲力竭等症狀。

請你再試著做看看下面的這個動作：就只是坐著，什麼也不做，而且盡量什麼也不想，請享受這個片刻。

閉上眼睛，想著平靜而放鬆地呼吸至腹部，是沒有必須的事，什麼也不要想，就只要坐在那裡就好。每天五分鐘，不要太多，也不要太少。

重點：讓自己在這五分鐘內不被打擾，關上門，大家都出去，手機、電腦都關起來，否則的話，你就會像洛里奧特卡通裡的那個男人一樣，完全沒放鬆到，反而得到反效果！

離開倉鼠窩──走進大自然！

許多人都有過這種經驗：你來到一個地方，就會立刻感覺心情愉快、充滿活力。這是為什麼呢？這些人身上發生了什麼事呢？

事實上，如果你定期地拜訪這種地方來幫自己充電，這是有助於解除壓力的。你通常能在少有人煙並且遠離城市喧囂之處找到這樣的地方，無論是森林裡、某片草地上、某座山中、

海邊、河邊，或者花園裡，幾乎到處都有可能。

小提醒：請為你自己找一個「私人活力點」，一個你可以常常造訪的地方，天氣不好不是藉口，你的充電站永遠為你敞開大門。

如果你不知道哪裡可以找到這樣的地方，請去問問其他人有沒有覺得很舒服的地方，你將會非常驚訝，竟然有這麼多人都可以立刻告訴你或描述出一個這樣的地方。

除此之外，你也可以在這種地方進行前述的呼吸或冥想法。

PS：這不是什麼神祕的妄想，而是曾經存在千年的事實，可惜我們這些文明的「現代」人，已經忘記要把自己與這種舊時的力量來源連上線，才能再一次充飽電！

願望與現實：我出去一下

有一隻叫拉爾夫的倉鼠也受夠了，他只想出走，離開一切！

他的願望有一個合理的好理由：為了能夠辨清思路，就必須離開舊的思路，簡單說就是出去走走，改變焦點、改變視野、休息一下、停一停。因此喘口氣算是個不錯的方法。

然而，不是每個人都能像那位走上朝聖之路的哈沛·科可林（Hape Kerkeling）一樣，因為我們都有一些無法自行卸下的

倉鼠義務，這個我們瞭解，不過重要的是：義務並不能作為什麼都不為自己做的藉口！

小提醒：光是週末出去走走或僅是日常之間出去走個幾小時，沒有手機與網路，沒有娛樂與活動行程，就足以讓倉鼠再次回復自我、靈光乍現或找到解決問題的方法。這點很重要，因為少了所有來自外界的分心事物時，我們便能再次感受到內心的聲音，並傾聽它想說的話。

於是拉爾夫這麼做了，他到蘇格蘭愛丁堡進行三天的小旅行，這樣就足夠了。那讓人悸動的、全然不同的環境打開了他的雙眼，並且讓他啟發新的想法。

好點子之書──將想法與解決辦法儲存起來！

「就連會把一個人的生活弄得髒亂不堪的豬，我們也是能用牠煮出美味料理。」你是否偶爾也會羨慕能說出佳句或人生智慧的知名哲學家？還是當別人記下這些格言並且精準用在相應情況上時，你會非常驚訝？

格言、智慧之語或箴言可以讓生活變得輕鬆一些，人們在家中貼滿這些箴言或放上寫有「早起的鳥兒有蟲吃」的咖啡杯做裝飾，都不是沒有理由的，只可惜每當我們需要這些格言的

時候，我們卻常常想不起來，因為大腦在壓力之下較容易缺乏創造力。

　　小提醒：你應該為自己做些儲備！不過，用背的已經過時了，對倉鼠來說也是。請仿照過去的哲學家：就在好點子跑出來的時候，把它們寫下來。如此一來你就能儲存許多好點子與解決辦法的糧食了。

為隨時記錄好的想法，請隨身攜帶一本（好點子）筆記本。

　　就這方面來說，自己心中要訂好規則並自律，只有好的點子能夠放進這本筆記本內，如此一來你便有了能照亮晦暗時期的東西了，也就是類似解決辦法的儲藏物。

　　至於你記下來的東西有沒有記錄價值，這完全不重要，重要的是你確定任何情況都存在正面之物，而且你可以用正面的方式去改善你的狀況。「如果生命給你一顆檸檬，你就把它拿來做成一杯檸檬汁吧！」

倉鼠奧運：試著做點運動

　　有些人藉由放輕鬆來紓壓，有些人則會透過做些激烈的運動。要處理壓力，這兩種方式並沒有所謂哪個更適當，而是完全取決於個人的喜好：如果你較喜歡完全放鬆並什麼也不想，那就這麼做吧；如果你喜歡藉由運動來讓頭腦放空，那就這麼

做吧。我們的建議是：適可而止地運動，不要讓因為想紓壓而
去做的運動成為有壓力的事情。

　　某些想在下班後紓壓而成立的業餘跑步愛好者協會，已經
突變成了馬拉松比賽的主力，為了減輕壓力，其實我們不太建
議你參加，除非做這件事能讓你感到放鬆。另一種不太建議的，
是時下正流行的附「健康程式」的智慧型手錶，也就是計步器，
據說每天走一萬步會很健康。什麼？這究竟是誰規定的？重要
的是：不要讓你自己又因為這種數字而背上壓力！

　　我曾在一次聚會上和一位戴著智慧型手錶的女同事聊天，
她告訴我，自從她開始戴這支原本是出於善意的生日禮物後，
她就變得不得安寧，因為測量出來的結果對她的心靈清淨並沒
有幫助，即便她再怎麼努力，永遠也達不到一天走一萬步的目
標，除此之外，這個機器每天早上都會顯示，她晚上深度睡眠
的時間太短了。結果則是：壓力！經過一次審慎地對談後，她
決定拿下這支手錶。她認為這支手錶提供的資訊對她來說並非
所需，而且對她完全沒有好處。

　　如果這種手錶的使用者背負著要完成目標的壓力，同時他
也知道第二天早上又會被他的數位「幫手」結算，天啊！這要
怎麼改善深層睡眠時間呢？如果使用者一直承受著壓力，而這
個儀器卻告訴他，其他智慧型手錶社群裡的人做得有多好，他
反而又再度陷入完成步數與深層睡眠的每日目標上，成為了第

一百名以外的一百零一名，這樣的儀器我們該拿它如何是好呢？

我建議：做你喜歡的事，寧可將主導線掌握在自己手裡。先一步一步慢慢來！走樓梯而不要搭電梯，騎腳踏車去上班而不要騎車，或者就我來看，你可以做些簡單的慢跑，好讓腦袋放空。另外，「真理」永遠不只一個，如果你認為智慧型手錶剛好適合你，那麼你就去用吧，不過請將「每日目標」按照你生活的實際情況來設定，請在你認為執行得特別成功，同時你又覺得很愉快的那一天晚上去看步數，如果顯示出來的數字是「4385」，那麼這顯然是會讓你感到滿意的步數。你究竟想為誰走一千步呢？

養狗人貝格的一個 PS：倉鼠與狗。你喜歡動物，或許兒時養過狗？那麼你為什麼不再養一隻呢？問問你的老闆吧，你將會很驚訝，有許多企業其實對辦公室裡有狗的接受度是很高的。（歐美國家的接受度較高）

實際經驗：幾年前我們帶了一隻臘腸狗與梗犬的混種犬回家，牠叫卡姆巴里，我們也讓牠進公司，結果顯示：一天散步三次加上一些玩耍，也是種不錯的運動！除此之外，我們的「小太陽」也負責和客戶、員工與朋友們維持良好互動，這是四贏啊！

卡姆巴里的 PS：不一定要是純種狗，各地的動物收容所裡有許多忠心的動物正在等待一個新家，如果可以的話，那將會是個五贏局面。

收復休閒時間──請學會享受

Facebook 上有一則有趣的貼文：一百位成功人士被問到休閒時最喜歡做的事，結果：八十個人不曉得該怎麼回答，二十個人在思考答案時睡著了。

非常有趣，但遺憾的是，這卻不盡然是那麼不現實的，事實上根本沒那麼有趣，玩火的倉鼠只能露出一抹疲憊的微笑，因為一旦達到了某個特定的階段，就連與最好的朋友碰面、喜歡的足球比賽、預定的舞蹈課或小旅行等事情，常常都變成了一種應盡的義務。

想休息的願望已冒出了頭，倉鼠卻退縮了，那些（曾經）帶給他趣味、快樂與平衡生活的事物，已變成是預訂好要做的事情，它們將會被解決、完成或執行。與朋友們喝杯啤酒放鬆變成了會議，計畫好的小旅行，變成了觀光待辦清單上需執行的事情，一個小時的瑜伽課變成了十五分鐘的強力冥想，完成後就打個勾。就連在這裡也要大大的寫上「效益」兩字，沒什麼好意外的，我們已經習慣這種忙碌且講求效率的日常生活了，享受？省省吧！

結果：一隻燃燒的倉鼠往往需要先重新學會將自己私人的約會看做是休閒而非義務，同時也要真的當作是休閒活動，然後再好好去享受它們。

請問問自己：究竟什麼會（曾）讓我覺得有趣呢？

對於想不到什麼事很有趣的人來說，這不是一個容易的問題，同常會先有一段長時間的思考，甚至可能得不到答案，這可視為一種非常嚴重的警訊。

你對這個問題有什麼想法呢？你的答案是什麼呢？

太累或沒興趣來趟腳踏車之旅或帶狗去散步嗎？到大賣場購物總是都找不到停車位，已經無處可去了嗎？

現在請照著做：寫下五件你真心覺得有趣的事情，下面備有一些空間，以便讓結果顯現在書上：

••

••

重要的是，如果你有所發現：請給予這些事情所需的時間和空間，如果你著手某事並且再度做到沉浸其中時，你便已恢復許多。

為你的壁爐劈點放鬆的柴火需要兩天的時間？那又怎樣！請你享受它吧！

忠於座右銘：我們以一種有趣的方式紮實地工作，尚未完

成的事就先放著吧。

再度和朋友一起到酒吧裡，或許甚至是在平日徹夜狂歡？在相應的情況下感受到現在是「允許」自己這麼做的，便已是價值連城。

晚安──想法停車場與規律的睡眠時間！

睡眠障礙在壓力引起的心靈疾病上是種常見的症狀，有入睡困難、持續睡眠困難或兩者皆有的狀況，事實上，沒有什麼會像缺乏睡眠而導致的休息不足一樣，那麼地讓人筋疲力竭了，這點我們已經提過了，但是該怎麼辦呢？

對於良好睡眠來說，重要的除了睡眠姿勢與正確的睡眠用具以外，主要就是規律的睡眠時間了。

如果你都在相同的時間上床睡覺，並且在相同的時間起床，那麼你的身體將會比較願意沉醉在休養生息的睡眠中，最短的睡眠時間應該都要能夠達到六個小時。人們已經發現，那被大大讚揚的週末睡到飽，其實根本沒有恢復效果，在週末被打亂的睡眠規律反而導致一種類似時差的效應。

如果你經常在入睡階段被一大堆想法糾纏著，那麼床頭的「想法停車場」將可以幫上忙。請在上床時，把所有你帶著的議題與問題停在那裡，並且允許自己隔天早上再把它們取回來。請透過將議題寫下來與點出問題所在的方式來停車，因此你應

該準備一套紙筆（貝格同仁比較喜歡他的平板）。如果你半夜醒來，有個問題在腦中翻滾著，請同樣把它停在停車場，如此一來，你就可以安心入睡而不會讓問題遺失，同時第二天早上還可以繼續處理它。

結果：說也奇怪，經驗顯示，你肯定會在第二天早上發現，那些停在想法停車場的「議題」，都已經不再需要了，因為有些問題已解決，或是過了一夜後就失去了急迫性，倉鼠奶奶早就說過了：「睡一覺後，事情就隨它去吧！」這真的是解決問題的一個非常有效的方法。

PS：請檢查一下你的寢具！你的那張舊床墊已經睡多久啦？你的床架是不是已經生鏽啦？最後一次換枕頭是什麼時候？

PPS：如果一直沒睡意的話，下面的小技巧也許能幫得上忙（除了我們已經向你介紹過的自我暗示以外）：請轉個一百八十度吧，不是趴著，而是頭腳對調，這意外地會有幫助。

「最新的消息？」──「我不在乎！」

新聞展示的是異於常規的事物，因此如果你常常看新聞，必定會看到許多異於常規的狀況：也就是謀殺、能力不足的經理人、沒有其他解決方案的政治決策等等類似的東西。

或許某一天你可能會認為這個世界瘋了，這世界沒瘋（貝格先生有著不同的看法），事實上，人們讓你看到的新聞「只是」

從世界上發生之事裡，擷取出的驚人片段而已。

如果你想再次安睡，那麼在這件事情上我們兩位作者的意見又恢復一致了，即：請一段時間不要去看那些轟動消息。

你可以放心：重要之事你無輪如何還是能取得，而不重要之事到了第二天早晨就已經沒有新聞價值了。

具體來說就是：拋開媒體——電視、電腦、智慧型手機全都拋開！請當三「不」猴：不看、不說、不聽，這樣做可以保護眼睛、耳朵與心靈。

智慧型手機、apple 手錶、平板與電腦能讓我們的生活更輕鬆，毫無疑問，它們的確能做到，但是這種使用媒體的方式也有它的相反面，由於一直都能獲取資訊，反而造成長期的資訊過載，以及因為長時間觀看而導致的脖頸疼痛。

舉個來自現實生活的例子：我之前都會在起床後直接進浴室，而且總是帶著 iPhone。

後來（常常）發生什麼事呢？倉鼠輪開始轉動了：iPhone 上（馬桶上）傳來壞消息，一封來自 xx（請填入適當的字：客戶、同事、老闆、另一半、朋友，我這裡要舉的例子是「客戶」）的抱怨 E-Mail，結果是什麼呢？生氣、憂心、不安。從馬桶上下來，逐漸滋長的不安，隨便洗個臉，又更不安了一些，之後是一小段被縮短了的和狗玩的時間，其中還包含著苦思。結果：兩者（狗和主人）在這一天剩下的時間裡都無法放鬆。到

了辦公室後，忘了吃香蕉，電腦開機，再看一次 E-Mail。八點三十五分，等待，因為客戶要九點才能聯絡得到。喝咖啡，等待，思考。你可以想像接下來會怎樣嗎？

沒錯，九點聯絡不到客戶，為了等待回電而不安、心不在焉地完成工作。十一點半，客戶回電了，緊張、神經緊繃，然後得到客戶的回覆：「抱歉，其實沒那麼嚴重，因為在生朋友的氣，所以寫信時語氣重了一點。」

你覺得似曾相似嗎？

我們從這個例子可以學到什麼呢？我現在只會在要開始工作時才開啟手機，晚上八點後就把手機調到飛行模式，因為隨時能被人找到也可能是種災難，會害人睡不著！誰沒有過在晚上、半夜或週末收到一封讓人不愉快的 E-Mail 或簡訊，導致整個晚上或本該有的週末泡了湯？

我們呼籲：保護你的私領域與你的休息時間！

雖然關機並不能解決問題，但我至少能喘口氣休息一下，除此之外，我在這個時間點（在正規工作時間內）是完全有行動能力的，晚上、清晨或週末時卻不是。

另一個議題：智慧型手機、apple 手錶、社群媒體

請觀察一下你自己，關鍵字：注意力，休息時間你在門外無意間迅速看到的那則 Facebook 上的被切碎的小公雞短片，對

你來說有什麼意義呢？

那只是心靈毒藥而已！你生什麼氣呢？一個難過的表情符號足以消弭你心中的傷害嗎？新聞和政論節目又對你有何意義？

不過我還是必須知道，在某個你或許根本不知道它是在地球上何處的地方，在虛擬或數位的世界裡發生了什麼你或許將面對之事。你真的必須這麼做嗎？你並不需要！

許多和我們談過話的倉鼠已經變得越來越不去開電視了，我最近甚至突然注意到，我坐在車裡去拜訪客戶時，我有一個半小時都沒聽收音機，而且我完全沒發現，我就只是不自覺地享受著寧靜。

小結：請將你使用媒體的劑量如下分配，你能忍受它（否則就會腰酸背痛），能撐得住（否則會肚子痛），能夠聽到（否則就會耳鳴或突發性耳聾）或看到（否則就會眼部偏頭痛）──因為這些「垃圾」，還有許多東西非常可能造成過勞。

現實生活的實用技巧：如果你的工作容許手機的加入，請將它調成靜音與震動，光是嗡嗡聲有時就已足夠了，除此之外，不是每則簡訊都能讓人興奮地不得不去看它。

進階版：把 E-Mail 的自動收信功能、LINE、Facebook、

WeChat、Google ＋、Instagram、Skype、Twitter、WhatsApp……
等的推文通知關掉。

請用手動來決定你讀這些訊息的時間，這裡的咒語是「以
行動代替反應」，不過這是另一個章節了。（我們已經談過了，
不是嗎？請往回翻吧！）

不要開沒議程的會

商討，就是開會，常常真的是在浪費時間，而且消耗掉大
量個人的、經濟方面的資源。這樣的會議有的時候是一種四處
可見的現象，誠如格言所說的：「如果我不知道下一步，我就
找人來開會！」

小提醒： 因此請你將來每次安排會議時都要確認：議程上寫
了什麼？這個議題對我來說真的重要嗎？這議題是否比較屬於另
一位同事的責任範圍，和我其實完全沒關係或沒那麼有關係？

如果某個會議對你來說並不重要，我們的明確建議是：委
婉地拒絕！人生太短暫了，沒時間浪費在開會上！

反過來也一樣：如果你是被邀請參加會議的人，你應該事
先詢問還有誰也必須邀請來開會。與會者越少，就越容易完成

決議，會議也越有效益，而且越容易為所有人找到一個適合的開會時間。根據我的觀察，像團體對抗賽一樣的會議，會變成一場真正的災難，大家都傾向於多帶一個同事「以確保安全」，但卻常常導致在這樣的回合戰裡，雖然很快地講出了所有事——但卻不是每個人都講了。

西里爾‧諾斯古德‧帕金森（Cyril Northcote Parkinson）有關官僚氣息增長的原則，很適用在會議上：給多少就會拿多少。

如果你讓多人使用一個空間兩個小時，整個過程就會持續兩個小時——而且需要多人參加。但是如果你只邀請三個人，而且只給所有人半個小時的時間，你就只需要花半個小時以及三個人的人力。

這裡的箴言是：「回歸根本」，而且有的議題常常只要簡單地雙方用電話弄清楚就好，不用勞民傷財。

PS：為了更完整一點，這裡還有一個重要的補充：如果一場會議沒有會議記錄、沒有決議，同時也沒有關於下一個工作步驟的有效合約，就是個多餘的會議。

幽默——是一件嚴肅的事情

不，就幽默這件事情來說，我們並不認為是有趣的，我們被未成功運作的事物給制約了，令人驚訝的是，領導階層的人最接近於笑不出來，但是生命中美好的事物其實是面向著我們

的，而其中也包含了一個將人與動物區別出來的特質：我們有幽默的能力，而且我們可以笑。

笑的時候我們會動到比說話時還多的肌肉，好吧，是一點點的表情肌，而你在笑的時候，唯一能支撐起的重量，是落在你肩膀上的重量。

我們的小提醒：請培養你的笑容，不要嘲笑別人的不幸，不要用卑劣、嘲諷的方式笑，因為那將會為你招致負面效果，並引發虛假的快樂，日常生活中有夠多事物值得讓所有參與其中之人恣意地笑。

「笑」是一種非常好的抗壓療法，「笑」不會對我們的身心產生任何副作用而且特別的正向。根據報導，漢堡有間公司想按計畫透過笑容訓練來培養職場幽默感，這個按老闆指示而來的幽默感，是一個我們不應該照做的範例。請「自動自發」，在一個允許「笑」的文化中，只能透過別人先展開笑容來傳播，笑容訓練還是省下來吧。

當你看到這些句子的時候，你是不是剛好笑出來了？這並不奇怪，因為這全都太中肯、太理性了，笑與幽默是非理性的，否則就不有趣了啊！

請你讓自己感到開心，扮鬼臉、說些奇怪的話、用暢銷金

曲唱出你自己填的諷刺歌詞，或是創造倉鼠笑話。

如果你就是完全笑不出來：快樂不是只有連魚尾紋都跑出來的大笑，快樂也可以透過你強迫自己露出一抹微笑而產生。當你微笑得夠久（大約六十秒），就會引起潛意識的注意，必須搭配上快樂的情緒，快樂荷爾蒙將被釋放出來，而你的身體會去適應這種感覺，你將會有更好的心情！

反抗恐懼

「你可以害怕，但你不需要去畏懼！」

害怕是一種自然的保護作用，守護我們免於傷害，然而：心中害怕的人承受著非常大的壓力，因為為了準備逃離傷害，身體會動員起所有資源，所以血壓會升高，脈搏會加快，而肌肉則會充血。在許多讓我們感到害怕的日常情境中，我們會發現其實根本不需要害怕，因為我們錯估了風險。確切來說，那不是害怕，而是畏懼，不過身體卻以同樣的方式承受著壓力。

現在出現了一句俏皮話「德國恐懼」，全世界都覺得我們很怪，因為所有人都說我們過得很夢幻，但即便如此，我們卻害怕地等待著想像中的危險，並且用這種方式有效地讓自己不去達到享受。

為了克服這種害怕造成的壓力，基本上只有一個方法能辦得到：收集資訊而後行動。舉例來說，如果某人（或媒體）想

195

讓你害怕，告訴你不久後就會由於工業 4.0 ^{註5}而失業，你將和幾百萬人一起站到街上去。若要對付這種害怕，只有收集相關資訊，確認這種害怕是否真的是有根據的。

我們似乎真的會由於新的數位化可能性而丟掉工作，所有可以由機器完成之事，都將會由機器來完成，自從一九八〇年代的大機器人化浪潮後，未來很可能會有越來越多的管理工作變為自動化，就這方面來說，害怕甚至也許是合情合理的，也就是如果你害怕的是會失去你購買的貨物，或者害怕失去你由工作而贏得的社會認同，或為了你的收入而擔憂。如果你現在正嚇得目瞪口呆，那麼你將會一直承受著壓力直至進入到你所害怕的事件（即在四至五年內被解雇）當中，也可能拖下去，而且：這是一種已經被我們視為特別邪惡的無法克服的壓力。

你現在該做的是：去收集資訊，瞭解這個危機對你個人而言真實性有多高，請和其他人談一談這個問題，看看你是否可以透過進修或與網絡接軌來為自己降低風險，評估一下有哪些解決辦法，也許你早就想換工作或行業了？那麼在一大堆人也同樣開始尋找之前，你現在就可以開始做準備了，從你收集到的資訊當中選取有用的，並藉之來行動，當你動起來時，你就不會害怕或恐懼，因為你已經在進行解決行動了，你期待由此能使你的處境有所改善。

註5　工業 4.0：或稱生產力 4.0，是一個德國政府提出的高科技計畫。又稱為第四次工業革命。

第 17 章

步驟 2：培養挫折容忍力

　　擺脫挫折，乍聽之下並不容易，而且這也並非要我們從挫折當中抽離出一種由怒氣與攻擊性組成的極為強烈的情緒表現。我們聽不少倉鼠說過：「我透過挫折才感覺到自己活著。」這樣的挖苦態度我們絕對不想推薦給你。

　　的確，許多情緒是和挫折是連結在一起的，而且也都透過它來喚醒這些情緒，不過許多正面情緒如喜悅、享受、信心等，卻不會在挫折感存在的時候顯現出來！

　　無挫折的快樂？這種目標真的現實嗎？不，生命自然永遠都為我們準備好了一些逆境，因此積極地去面對挫折這個議題其實是很有意義的，結果則是：你知道挫折就在那，但它卻無法再傷害你，我們或許可以這樣來描述這種挑戰。

　　讓我們開始吧，我們接下來的目標是：一些「消除挫折」的有效提醒與建議。

請靠自己──不透過別人來肯定自己！

你是否被人稱讚了才會感到滿足呢？他人的肯定對你來說比鼓勵還要更有意義嗎？你的行為是否以會收到最多掌聲為目標呢？歡迎來到肯定的陷阱。

肯定是一種給易受影響之人的貨幣，你的觀眾們（你的老闆、同事、客戶、岳母或「最要好的」女性友人）很快就會察覺於此。會去追求認可之人是很容易操控的：他們會湧向能獲得最多讚美之處，就像一隻在馬戲團裡被牽著穿過表演場的熊。

實際案例：部門主管在快放週末時來到你的辦公室，他希望你能迅速給他一份統計表，他說：「因為你這方面很在行。」星期一早上之前，上級一定要拿到這份報表，你也會受到表揚，而且你難道不想也為了你的前途做些什麼嗎？聽起來很熟悉嗎？你一定遇過！

這種故事通常會這麼結束：你喜孜孜地把週末都花在將數字用某種關係統整起來，然後在星期天晚上把結果寄給部門主管。（當然不是直接寄給上級啦，親愛的部門主管寧願自己來做這個步驟。）

你是否得到了立功的肯定呢？這還要看你的主管是否視你為競爭對手，以及你過去的成績是否具開創性，不過即便如此，

你通常最多就是獲得一句：「嗯，還可以，不過有個數字的字體大小錯了。」不過如果你的主管是屬於那種不會去虛構工作出來的類型，那麼他就會誇張地稱讚你（當你的成果很有用時），如此一來他就能繼續浪費你的其他週末。如果你的主管是比較不會關心周遭人的那種，那麼他很可能會說，雖然你人很好，把結果寄給了他，但是其實並沒有那麼急迫，或是這份報表根本不是要和上級開會的內容之一。

和往常一樣：你是這場遊戲中的輸家，事情做得很急，但這件事對你來說根本就不重要。

讓自己仰賴著別人的認可，這種人就不再是自由的了。這基本上也是一種簡單的制約，此制約可以用我們已經敘述過的方式來解除：請利用刺激和反應之間的空間來自由做出決定。

如果你得出的結論是：「我就是需要一些肯定。」那麼至少這是你的自主決定，而你採取的則是相符合的態度。不過如果你能夠說出：「我完全不在乎別人的認可。」那麼你就是從肯定陷阱裡被釋放出來了。

如果你要將價值放在別人的認可上，那麼我們會建議你停止這樣做，請透過自己稱讚自己的成就來贏回自由（在心中與自己對話也不錯，不需要所有人都聽到），如果你得到了嘉許或肯定，請對此表達感謝。

　　不，現在並不是要求你要覺得自己很了不起或是美化自戀行為，不過你可是一個站在生命中心的人啊！不是嗎？你知道什麼是你想達到的目標，如果你達到了，你就值得被嘉許。

　　憑什麼？憑你的權利。

　　是的，你可以將「享受奉承」這個部份作為自我增值，不過請小心，如果被讚許之後立刻或不久後就收到請求或要求，很可能是有人試著要控制你。

「糟糕，出錯了！」

　　像標題這樣的話，常常會在我們犯了錯時脫口而出，注意：是察覺到犯了錯時，尤其是一個會被別人發現的錯誤。

　　例如：在越多工作需要同時完成的時候；在計畫被規劃地越差的時候；在身處工作鏈末端之人，必須在關鍵時刻完成他的工作的時候。沒辦法，這就是人性。

　　只有當我們能理智地專注在一件工作上時，我們才能夠付出我們的所有能力去完成被要求的事，這點我們都瞭解，這是一定的。但是即便如此，我們還是不願放棄我們的完美主義，同時又對所有發生的錯誤感到懊惱，還附帶挫敗感。

　　一般來說，工作中的我們一直都身處在上司或同事的監視之下，這很令人討厭，我們犯的錯很少能不被發現，而我們辛苦找到的官方說法與辯解，卻在茶水間被同事用尖酸刻薄的諷

刺鉅細靡遺地肢解了，於是產生了更多的挫折。

當我們承受著壓力或感到很挫折時，還會發生的嚴重後果是：我們的現實感失效了。這意味著我們從某種程度的壓力與挫折開始，就沒有辦法再理智地評估風險，例如：我們開始不負責任地將所有合理的顧慮抹去，只為了把工作解決掉，或者為了不使事情整體產生疑慮，我們會過分害怕去使用任何可用的機會。這兩種態度很顯然都是有害處的，而且只會導致新的挫折：也就是當你的評估被證實有錯的時候。由於大部分的情況下沒有其他人可以背黑鍋，因此我們通常就會咒罵自己，是我們讓自己落入這種處境的。

我在念大學時還學會了一點，即我們在做一份好的計畫時所投入的一分鐘，將會省下執行時的一百分鐘。我稱之為效益。我們今天還能在哪找到效益呢？所有事情都要快、快、快，最好昨天就做好了。此外交代工作之人、老闆或某個同事還數次冒出其他想法，其他參與者也有意見，而且說出了非常個人的看法，突然計畫就脫了軌變得一團亂。柏林附近就有一個範例，展示出了這種出色的無能。座名為 BER[註1]的機場，在計畫完成之後，無數人在執行時提出了意見，但他們全都沒有實質的計畫，如今砍掉重練反而比照著當年的形式蓋好還要更省事。

註1　BER：位元錯誤率。（英語：Bit Error Rate）是指單位時間差錯位元的數量。

跑最慢的被狗咬，只有挫折

當身為執行者的你，只能在有限的條件下改變或影響環境（我們之後還會再談管理層的問題），這是很慘的事，因為你常常感受到自己必須以團隊中最後一個人的角色承受高壓及挫折，這自然是很難解決的狀況，因為你的影響範圍通常不會觸擊到管理階層，而且在執行期間也不會允許參與者去改變基本的事物。我們認為真正幫得上忙的，只有倚靠帕累托法則並且將工作照樣好好地完成，當計畫做得差不多了，就不要去要求完美，也不要記掛發生錯誤的可能性，不甚美麗，但還是老實地不要去做改變吧。如果可以預見計畫案或工作計畫在你工作的地方總是根據同樣的模式進行，而身為執行者的你永遠身處犯錯的危機之中，因為時間安排的太剛好，而且其他人不同意按照你的建議改善，那麼就是無可救藥了，你應該在自己粉碎之前物色新的工作。

但是如果你身處管理位置，而且你可以在自己的影響範圍裡改善事情的走向，那麼情況就不一樣了，在這種情況下最優先適用的原則自然是：你應該製造出一個讓任務能夠在可替代範圍內完成的工作環境，這指的是可轉委他人執行任務以及能夠對過度具野心的管理層說不。在這樣的環境裡，轉託他人也意味著產生了一種容許犯錯的文化。如果有個人來找你，想通

知你出現了錯誤或問題，此人絕對不會受到折磨，必須要有這樣的把握產生（否則他就不會來找你或者不會即時來找你了）。不過這個人不應該由於通報問題而被歸咎責任，反而應該要帶著解決問題的辦法一起來──這也屬於有建設性的錯誤文化的一環，失誤最大的意義在於獲得改善的機會。

不滿意 1：完美欲帶來的挫折

「要達到完美境界，不是沒有地方要增一分，而是沒有地方能減一分。」──安東尼‧聖修伯里（Antoine de Saint-Exupéry）

很難相信：這個創造了《小王子》的男人竟然也懂一些產品設計，根據他的說法，完美意味著不是一直增加，而是一直減少。

你聽過那句格言吧：「少即是多！」（Less is More），如這位作者所言，真正重要的東西是用眼睛看不到的。

如果稍微細想這些句子，你很快就會發現，安東尼‧聖修伯里先生非常清楚自己在寫什麼以及想歸結出什麼。因此請讓我們用更有人味的方式來解釋「完美」這個概念，因為如果完美指的是冰冷的、無法靠近的、超越人類之物，為什麼你會想去確認它一直都在呢？我們又看不見它。

因此如果你一直追求完美，但實際上你指的其實是事情不費力且容易地「溜過」，同時所有人都會對成果與所獲感到超

乎於滿意，你何不乾脆重新給這個概念新的定義呢？

我們已經提過效率與效益之間的差異了，就這點來說，完美是效率與效益之間的平衡。非常好，你做了正確的事，而且還做對了。完美可能會是什麼呢？在這樣的範圍之內，需求與能力之間必然存在著一種平衡，那不可能造成挫折，更遑論過勞了。

完美是當你做到了最好而且很滿意。如果你做到了最好（根據定義而言已經不會再增加了），那麼就必須是完美的，如果你可以為自己培養出這種心態——我幾乎想寫「能夠完美化」。那麼你就同時逃出了完美陷阱、肯定陷阱、自虐陷阱。

這是好球！

不滿意 2：期待落空帶來的挫折

我們在所有顧問面前都會自認是隻勇敢的倉鼠，將自己的目標定義為值得追尋的，讓效率與效益同時產生效果，然後是：成果遠落後於期望。怎麼辦？

其中一個方法是，期望不要設定太高，為何營業額和薪水應該要增加百分之十？為什麼百分之三不夠呢？因為想去遠方旅行、坐郵輪？為什麼呢？我的遊艇、我的保時捷、我的別墅。古希臘哲學家伊比鳩魯（Epikur）早就知道——在面對所有渴望時我們都必須問自己：當我的追求被滿足後會發生什麼呢？如果未被滿足的話又會怎樣呢？

　　因此請弄清楚你為何想做到某事以及真正的目的應該是什麼，還有如果你沒有達到目標，最嚴重會發生什麼事。如果你都準備好了，請不要設定過高的期望，並事先預期若期待落空的話可能造成怎樣的挫折。

　　另一個期望落空的理由就是並未將期望表達出來或明確表達出來，如果你向同事、上司、客戶或你的另一半表明了你的期望，那麼你就要負責讓他們也能毫無誤解地瞭解你的期望，有句格言你一定聽過：聽到不等於瞭解。

　　小提醒：如果你有疑問，就去問問是否你的期待、願望或要求也都如你確切所指的那樣被人所理解，這沒有什麼不好的，因為你可以假設你周遭的大部分人，尤其是你的另一半，他們都不希望讓你失望。

　　如果一個期望被表達出來並正確地被人所理解，那就已經達到成功的一半了。

有關改變──現在立刻開始！

　　改變需要時間！決定改變是一回事，開始執行改變並持之以恆是另一回事。

　　我們生活在一個我們已然習慣於隨時隨地能獲取所有事物的時代。決定改變之後，我們首先想的就是立刻達到目標狀態。

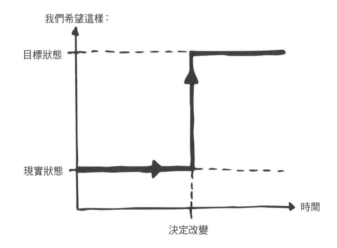

我們希望這樣：

然而就像從「0」到「1」這種二進位的狀態改變，那樣自動發生的改變是不自然的，因此在現實中也是不可能碰到的。通往期待達到的狀態之路自然會走向一種由兩條路徑組成的狀態，就如下圖所示：

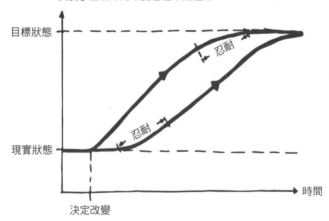

「真實」生活中的改變看起來是這樣：

　　若非在做出改變的決定之後非常迅速就有了正面的改變，但其動力卻會在通往目標狀態的路上逐漸下降，就是在做出改變的決定後還需要一段時間才能感覺到改變的出現，然後就會突然非常迅速地達到目標狀態。

　　有了這樣的認知後我們該如何著手呢？我們如何應付可能產生的挫折呢？

　　沒有問題是沒有解決辦法的：在這個發展曲線的第二階段就需要挫折容忍力了，也就是當進展不再順利的時候。在這個時候，挫折容忍力這個詞與一個似乎有些過時的詞是一致的，即：忍耐。

有關忍耐、相信、混亂與秩序

　　忍耐是種美德——這是一句猶如來自往昔的格言。但忍耐其實就是意味著對目標狀態的信任，信賴自己的所信。

　　你決定做些改變，你很合理地也認為自己做出了正確的選擇，對吧？你很確定期許中的改變裡面帶著你期待的成功，對吧？那麼你會信賴那些自然出現的發展，這也是很合邏輯的，不是嗎？

　　不過當遇到潛藏的挫折時可要小心了：忍耐又再次派得上用場了。信心減弱，沒把握自己的決定是否真的是正確的，只剩信賴，以及那華麗的相信，相信著（還是）會變好的。

此時最重要的一點是：相信會變好——是你認為的好。因為當你堅定地相信自己做的是正確之事時，挫折就不再有機會了！

讓我們換個話題，來談談學術上的東西。相信是深植在潛意識裡的，就類似於意識裡的意志，誠如我們已經提到過的，潛意識決定著我們超過百分之八十的思想與行動，當相信與意志為敵時，通常贏的會是相信，沒有例外。正是這相信的火花讓你在做計畫時內心有了把握，讓你容許自己這麼做，鎮定自若地盼望著你計畫的實現。

如果我們再仔細一點去看改變的含意，我們很快就會明白為何有許多人都害怕讓它出現。想像一下，假設你心中已經建立起某種秩序，此秩序勾勒出了你對事物的看法、你個人全部的世界秩序，其中並非全都完美無暇，但是，是最關鍵的是，它已經建立起來了，一切都已經有了固定的位置。

下圖將這種內在秩序以一道牆的樣子展現出來。我們現在假設你出於一個心願或某種內心的認知而打算有所改變。

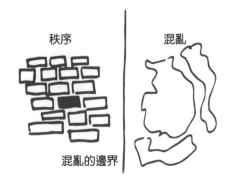

　　這在我們的圖裡就是你想將牆上的黑色石塊另置、轉動、把它變大或變小，或者完全移除。

　　你曾經試著對一面牆這麼做過嗎？例如樂高磚？如果有的話，你已經知道你大概必須將整道牆都拆開來，才能移除、替換或調動特定的石塊。我們只會在堅信事後還能再將這道牆重組回來，而且不會留下一堆碎瓦殘磚時這麼做，你對於事後這道牆該長得如何的想像，就是你的修建計畫。

　　於是你為了期許中的改變，非常自覺地走向了混亂的邊緣，暫時放棄了你習慣的秩序，直到這道牆再次重建起來並且合於你的新秩序之前，將會花上一點時間。

　　因此，想像的力量、相信與耐心是一個成功、目標明確的改變工作的組成元素，當它們聚集在一起時你便不需害怕改變，而只需要去塑造你的願望。

關於驅使力與允許力

　　也許你已經在前面的段落裡（再次）發現了自己的改變願望，那麼現在還有什麼能夠阻擋你去啟動這些對你來說很正面的改變呢？

　　是的，還是有一些不利的傢伙，也就是所謂的驅使力，它們可能造成阻礙，不過別擔心：沒有毒藥是沒有解藥的，因此在這個章節裡我們要用「允許力」來對抗驅使力。

下面的表格針對那些最為人所知的「驅使力」列出了可能的允許力。

驅使力	允許力
「要做到完美！」	「你盡力了，夠了。」
「要盡力去做！」	「你可以輕鬆地辦到。」
「動作快一點！」	「你可以慢慢來。」
「堅強一點！」	「你本來就很棒啊！」
「要滿足他人！」	「你可以好好照顧自己。」

或許你已經從「驅使我的是什麼？」這個章節中為自己找到了一個顯然符合你狀況的驅使力，現在你可以將這個驅使力寫在一張小卡片或便利貼上。如果你認為上面提到的允許力可以讓你減輕負擔，那麼請把它寫在小卡片的背面。

一旦你在日常生活中發現某個驅使力又開始活躍時，你就可以再次將你的允許力喚回記憶裡，並藉此獲得更多自由，自己決定你的行為。

如果你在自己身上發現了某個我們未提到的驅使力，那麼你當然可以回報以一個個人的允許力。重要的是：你的小卡片背面屬於某個能讓驅使力閉嘴的正面信息，藉由一些想像力或某個心愛之人的鼓勵，你一定可以找到這個「允許力」。

PS：如果想神祕一點的話：你也可以選擇稱呼你的允許力為守護天使、守護神或者──神奇倉鼠！

我是那麼自由：不是的！

實用小提醒、第 N 次的想法啟發，即便我們有可能會重複，但在過勞預防這個議題上，我們常常可能根本重複的不夠，下面還有幾個減壓與強化挫折容忍力的小提醒。

請想一想自己的核心能力，想一想那些能讓你真的快樂的事物，並且不去做或至少少做那些你做不好的事物。

或者反過來：專注在你真的做得好的事情上，其餘的你還是讓給其他可以做得更好且更有效率的人（另一半、朋友、畫家、腦外科醫生、家務幫傭等）去做吧，請學習向那些（可能）會被你接手的任務或麻煩的工作說「不」，不要管它們！

還有一個很有價值且非常有用的知識：永遠不要在一個你無法掌握或是掌握得不好的領域之內戰鬥，想去做一件你無法做好的事，只會浪費你做那些你能做得更好之事的寶貴時間。

　　如果你會製作很棒的椅子、桌子和凳子，能夠很有效率地完成它們，並且受到人們的歡迎，那麼就請你專注在這件事上。注意：即便你基本上還算「做得到」，我們還是要大聲疾呼：請不要去碰餐具櫃和櫃子。

　　告訴你一個祕密：我們公司很會做網頁，我們也會做購物系統，但不是非常擅長，因此我們寧願不做購物系統，而將這種工作轉介給某個合作代理，這意味著較少的壓力，而且「什麼都沒做」卻還能收到一點小佣金。

　　這個例子不只適用於工作也適用於私領域，許多（大部分）倉鼠都認為所有的事都必須自己做、自己關心，否則就沒辦法做得井井有條或永遠保持「全瞻性」。對一隻身處過勞風險的倉鼠來說，極其明顯的控制需求與完美主義在這方面常常扮演著重要的角色，如果你在自己身上發現了這種狀況，就請拉開降落傘吧，請鬆開手，讓別人去做或者用某種方式放開討人厭的工作。還有更重要的是：請盡可能至少與你做起來不覺得有趣的工作分道揚鑣，請你（重新）變得自覺，你的人生有權在工作時擁有樂趣，為什麼呢？這是你的人生啊！是誰說你在公司、協會或私人生活中，必須永遠做那些不適合你，又沒有帶給你快樂的工作呢？

　　你或許曾經將你的熱情用在了工作上，還記得嗎？例如因為你喜歡與人一起工作，所以選擇了一個照護工作。請忠於那

句格言：當你將自己所愛變成了職業，那麼你這輩子就永遠不需要工作了。總的來說這是個不錯的想法。

不過當年說出這句箴言的那個睿智的男人，他一定還不知道那一大堆的規章、工作指南、報告需求、服從方針、班表、縮減措施、組織變更、時限……喔，請讓我停下來吧！

問問你自己：你的生活以及你的工作領域，這些年有過什麼改變？你還是在做自己真的開心的事，或者如今只剩下那些討人厭的工作了？（例如：回答問題、協調、試著事先找出錯誤、事後整理、申訴處理、行政、組織、計畫、修改計畫、重新計畫等等。）

你最後一次全心全意
並且快樂地為他人著想是什麼時候？

如果比起陪伴家人或另一半，你花了更多時間在做其他事情，但其實你並不喜歡這些事情，那麼就請不要挫敗地屈服於你的命運，請去找尋出口，如果找到了，就能為你爭取更多的休閒時間。舉例來說，在這方面對我來說最重要的投資，就是我們的清潔助手，公私皆然。這點小小的奢侈為我與我的另一半製造出重要的自由空間，其中也包含了將贏得的時間用在了休閒上！在清潔助手整理公司或家裡的這段時間──她做得非常好而且比我快非常、非常多，我終於又可以和我的人生伴侶

做些什麼了。

如果我除了公司裡的日常壓力，還必須打掃家裡，我會精神失常的。注意：你的倉鼠輪。手工（除了我真的非常喜歡的事）或會計的工作，我現在都是以類似這樣的方式處理：我不自己做了！為什麼呢？因為：雖然我是個聰明人，而且會非常努力地花很多時間將事情弄到好，我一直認為必須親自做事來省錢。胡說八道！那些我因為修理東西、記帳或打掃而花掉的時間，我可以拿來賺取我節省下來的錢，而且通常可以賺到更多的錢。這是個簡單的營銷概念：花錢解決不喜歡的工作＝壓力較小、做我能做得好的工作＝快速地（或更快速地）賺錢。

我現在可以聽到某些讀者正想著：對啊，貝格是企業家，他能夠負擔得起，他這麼做可以減稅，而且他也可以自由地分配自己的時間。不過每個人都有辦法讓自己的生活變得更好。即便是無法負擔或不願意負擔這種「奢侈」的人，也可以用交換的方式來做到，例如現在網路平臺上已經出現的交換圈，用你的人力、你的所長來交換其他東西！你手很巧而且也很喜歡做手工藝嗎？那麼就用做手工藝來換些衣架，有很多不同的可能性！

繼續回到本文：除了經濟方面的看法以外，這裡更重要的是心靈、情緒與心理的成分！透過委託、交付或不再做某事等方式，你會為自己的心靈製造出更多能給予重要工作的自由空

間，而這整件事又同時擁有多項優點：

1. 當我在做某件我根本還沒有完成的事時，我不會再那麼「神經兮兮的」，我已經不處在過度緊繃狀態了。
2. 我會以較快的速度完成那些我覺得很簡單的事物，並且不會由於延長時限而感到有壓力。

小結與具體行動請求

請你（現在）列出一份清單並回答以下問題。（我們留了一些空白行，筆很有可能就在你手邊吧？）

什麼事我可以做得很好？什麼事我目前正在做，但實際上要花掉我大量時間，因為我其實不太擅長，必須先慢慢熟悉或者我沒有「正確的」使用工具？

因為筆還在你手上，你還可以繼續寫另一份清單。你未來不要再做／不要再自己做什麼事呢？（注意：只有在你寫下來後才問問自己，誰可以做到這件事？他該如何做或可以怎麼做？）現在請先誠實地寫下你想刪減的工作吧：

挫折容忍力：堅持下去！就連 Mail 也不要去回覆

如果觀察自己的溝通方式，我們可以將之粗略分成即時或非即時兩類。

就即時的溝通方式而言，訊息輸出方會立刻收到接收方的回覆（也可能只是確認訊息已收到），而非即時的溝通方式則是由接收方決定，他何時或究竟要不要寄出回覆。

我為什麼要跟你說這個呢？如果你正在和人說話或講電話，那麼你就是以即時的方式在溝通，答案立刻被期待著並且送出。

但是如果你是透過 E-Mail、WhatsApp 或簡訊來溝通，這就關係到一種非即時的方式了，你寄出回覆的時間點並不重要，因為這種溝通方式已經有意識地將接收方回覆的時間設計成開放式的了。

建議：請善用這些可能性，輕鬆地決定出何時是寄出回覆的最佳時間點，或者你究竟想不想寄出回覆。

這乍看之下似乎不太禮貌，但在這方面卻是重獲一部分自由的唯一有用的方式，此外：嚴格來說，在所需的處理時間進行之前就提醒要回覆信息，這反而更不禮貌。我曾經有一位同事，他為了能讓事情順利處理而直接在寄出一封 E-Mail 後打電話給收信方，真正的溝通方式因此變得荒謬，因為：我本來也是可以直接跟你談這個議題的。後來造成的效應是：由於這種被認為很不禮貌的溝通方式，同事們變得更緊繃了。

有的時候忍著不去回覆信息也是很有用的，因為如果你每次都立刻回應「提問／接觸」，你就會讓發出信息的人習慣於隨時隨地都能找到你，以及你將在很短的時間之內解決掉他們的問題（請見制約章節）。但是如果你確實讓對方瞭解，你會自己決定回覆他信息的時間點，那麼慢慢的你就只會收到那些內含重要信息以及發信者認為處理這件事真的很重要的信件了。

這使得發信方事先會去思考他的問題是否是可以自行解決得更好或更快的，因此我們可以說，平等的非即時溝通能使溝通本身的內容更豐富，簡單來說就是：慢一點＝更集中、更豐富內容。

我們剛剛提到的：有些人自己覺得寄 E-Mail 時夾帶「已讀回條」是比較有保障的，但對收信者來說這種「已讀回條」卻會被解讀為某種形式的監控，監控對方何時讀了他的信息，以及讀信之後多久才回覆。

為了不要讓別人產生這種印象，我只能建議你寄信時不要夾帶「已讀回條」，順帶一提，「已讀回條」技術上來說其實是「開信回條」，被證實的不是讀信這件事，而是開信，因此其實一點意義也沒有，因為 E-Mail 的開啟可能在預覽功能執行時就已經發生了，也就是在收信者還完全不知道信件內容的時候，此外除了 E-Mail 這種媒介，這裡所提到的狀況同樣也適用在 WhatsApp 等通訊媒體。

像 E-Mail 這種通信媒介也並非百分之百可靠的，因此 E-Mail 程式裡可設定的回條功能只是一種信號，而不能提供成功傳遞或收信方已接收內容的證明，不過即便如此，此功能對你來說還是有用的，它是你的 E-Mail 成功寄出的某種回應，在這種情況下，請你乾脆要求用已傳輸回條取代已讀回條，至少還可以確認你的 E-Mail 已經到達收信方。（例如：人們常常意外把一封帶有重要回覆的信寄丟了，然後自己很詫異對方完全沒有通知或接到對方憤怒的通知。）

難道只剩問題嗎？

如果因為某個計畫失敗、貨況不太好或者客戶不滿意，而造成公司內部突然瀰漫著一種負面情緒，那麼遲早會出現一種很受歡迎的群眾運動：抱怨。

伴隨著這種毫無阻礙的黑色氛圍，所有同事會越來越享受

待在廉價的世界末日場景裡，但其實大家早就知道會這樣，某某計畫永遠不能完成，如果以前的主管還在，就不會發生這種事。氣氛降到了零下，目光不再落在迫切的解決辦法上，而只是繞著問題打轉。

重要的是：正是在這樣的情境之中，如果沒有真相而只出現了官方說法的話，早晚會產生惡果的。根據我的經驗，員工們立刻就會看穿所有領導層站不住腳的詭計，只要一切尚在運作，大家就會對自己的想法閉口不談，大家都不想當那個有預知能力的人（Spökenkieker）[註2]。當適當的時間差不多來臨時，為了將自己的所知精準地宣告出來，一切就會潰堤而出。

在這樣的情形下，我認為只有立刻介入才能幫得上忙，問題必須釐清實際的前因後果與確切規模，並且若非提出解決建議就是要徵求解決辦法。如果什麼都不做，讓事情自己發展下去，只會變得更嚴重，而氣氛則會繼續迅速往臨界點走去。

對此你有責任嗎？當然，如果你想在一個氣氛很好的環境工作的話，那麼身為這個環境的一部分也是有責任的，除此之外請你明確做到不隨著八卦起舞，而且絕對不參與任何形式的流言蜚語，挫折感是會傳染的。

註2　Spökenkieker：能預知未來的人，通常是預測怪異和焦慮的事。

高處不勝寒──另：請你道歉！

這是寫給事業有成的倉鼠的一個章節。許多人總有一天會發現，自己只贏得了空虛的勝利，他們付出代價而達到了成功，但他們會突然發現這些代價對自己是很重要的。

無論哪個生命階段的人，大家往往都在為了賺取更多的金錢、獲得更多的肯定或得到某種程度的專業技能而努力，到頭來卻只確認了自己想達到目標的渴求，讓自己為了那些真的曾經出現但現在又消失無蹤的事物而盲了目。

不是一定但大部分是：在「往上」的道路上會帶有犧牲者，為犧牲者哀悼，然後突然發現自己孤零零地抵達了頂端，但卻在這條路上失去了重要的人。

高處不勝寒，那裡只有一股凜冽的寒風，風景一點也不迷人。來想點暖心的事吧，但是這裡已經沒有人可以依靠了，積累財富的熱度也是有限的，無法期待有圍繞在身邊的喝采來填滿我的心，那麼不如打電話找個舊識吧，不過等等，那個人不是對我感到很失望嗎？

此處有個稍微過時的辦法，應該能有所幫助：懺悔、放下身段並且請求原諒。如果看清自己的錯誤並真誠地向自己曾經傷害之人請求原諒的話，通常還是會有效果的。畢竟你是一個大家願意親近的珍貴之人，誰能夠拒絕一個看清自己的錯誤並

真心懺悔的人呢？不過這裡有兩件事很重要，因此要再重複提一次：懺悔和請求原諒。這裡值得再吹毛求疵一次：原諒意味著解除某人的責任。

因此「對不起」或簡短一點的「抱歉」是種容易被看透的嘗試，用簡單的方式讓別人原諒自己，所以如果沒起作用的話也不必大驚小怪。有（越來越多）犯了大錯的公眾人物會用一種近乎讓人無法忍受的傲慢態度站在鏡頭前用鼻音說著：「對不起。」但是這並不重要，這麼做沒有比較好或比較對。

「請原諒我。」這是低聲下氣的認錯，是的，道歉也是可以被拒絕的，這種時候就必須放下身段並想辦法恢復關係，日後可以再重新嘗試請求原諒，只能這樣讓傷口慢慢癒合。「語言」有的時候是非常明確的，不是嗎？

混蛋和違規者

請檢視一下：你是否已經默默地在自己沒有察覺的情況下，變成了同事或朋友口中的混蛋了呢？

或許你還認為自己是一個好人，而且完全沒發現你已經「為了事業」變成了一個大混蛋。你的行為符合你內心真正的想法嗎？對得起自己的良心嗎？還是你常常因自己所做的事而感到肚子痛？你如何與同事、家人相處呢？你是否用「不正派的」方式處理廢棄物？你是否把廢棄物當成高品質的商品來販售呢？你會

占朋友或客戶的便宜嗎？是否有什麼事正折磨著你呢？你總是實話實說嗎？你最後一次和孩子們去公園散步是什麼時候呢？最後一次稱讚或關心你的另一半又是在什麼時候呢？

為什麼這些問題很重要？非常簡單，總是一再地違背自己內心的人，早晚都有可能燃燒起來，因為道德扮演著很重要的角色，只是未受正視而已。

向上司卑躬屈膝，對下屬頤指氣使？或者只是不斷地增加自己的壓力？錯的永遠是別人？那麼道德呢？你想想，不是所有被允許的、能夠做的或者未詳細禁止的，就道德角度來說都是「合法」的。

專注在自己身上吧，在你還沒全盤皆輸之前，我能讓你盡量冷靜下來。

如果你本來就是個混蛋，那麼你現在手上大概不會拿著這本書，也就是說，大混球很少會有過勞問題，比起自燃，他們更容易被傳染，不過也許你已經暫時變成了一個混蛋。如果是的話，請你開始做出行動！人好不一定就會被發好人卡，當個好人會產生好的反饋，與自己內心及感受一致的正當行為，能夠讓一個人睡個好覺。至於你的同事該怎麼辦呢？一個混蛋會感染周遭約六個人，至少作家羅伯·蘇頓（Robert I. Sutton）在他的書裡《拒絕混蛋守則》（目前繁中版已絕版）說過類似的話。

你遇過這種狀況嗎？原本辦公室裡的氣氛很好，但是有個

人一走進辦公室，好氣氛瞬間就毀了，但實際上什麼也沒發生，只是感覺一片烏雲飄到了人群上方，然後警報響起！現在得好好睜大眼睛，如果可以的話就要行動起來。

某人總是惹是生非嗎？而且總讓同事們感到很不便嗎？這也是一個讓你蛻變成好人的好機會，請阻止他，不要讓這個入侵者達到目的，沉默只會助長凶手。請藉此讓你的人生、你的工作環境以及私領域變成一個沒有混蛋的空間。

順帶一提，客戶和同事也包含在內，請下定決心只和好人工作、只為好人工作，因為這有一個很關鍵的優點：你的壓力會變小。因為你將不再害怕開會或與人有約，好人原則上也只會互相介紹好人，正面之事會開始運轉，不過請小心，總會有幾個混蛋又悄悄溜進來，因此請多留意、自我控管以及定期清理不好的雜念，這些是不能中斷的。

這都是天方夜譚，根本不可能辦到？並不是！證據就是：我們的公司 Mangoblau（暫譯：芒果藍）就將無混蛋區提升為典範，而且這多半是有效的，雖然我們公司也會有短暫的高低起伏，但估計有效度可達到 95%。

你也想遠離混蛋生活嗎？那麼就請試試看吧！拿出態度來，立下信號，組織一個好人俱樂部或協會，開始倡議或做些好事。請下定決心只和親切、真誠之人共度時光，至少是盡量！這也算是個好的開始，不是嗎？

第 18 章

步驟 3：制訂倉鼠計畫

改變想法後必須要改變行動，古老格言所謂的「知識就是力量」，僅在某些特定條件下是正確的，其實只需要再加上幾個小小的字，這整句話就會變得有意義了，因此正確來說應該是：「實用的知識就是力量」。

本能或科學都可證實，我們人類、利益團體代表、倉鼠、企業與政治家（其實）都知道該做些什麼，我們的內心告訴了我們什麼是對、什麼是錯，或者怎樣做在這個或那個情況中是有意義的，以便我們能更好地、更一致地與自己及環境生活在一起。

只是要知道，我們的生活方式摧毀了環境與自然，我們自己奪取了自己的存在根基，這是沒有意義的。

我們從很久以前就已經知道，我們的金融系統、退休金系統或經濟體系會逐漸不再有效，我們知道戰爭不是解決辦法，而且戰爭不會為任何人帶來好處，戰爭裡只有輸家。但是只要我們不

行動或者只是猶豫不決地行動，就不會有所改變，且非常有可能是一場（全球的）崩潰（也算一種形式的全球化）。就連這個我們也知道。還會剩下什麼呢？把頭埋到沙子裡吧？不！

有大就會有小，有上就會有下，不行動並非是可接受的選項。但是我做為一個個體，一隻有過勞風險或已罹患過勞的小倉鼠，身為全球倉鼠輪當中的一小部分，我能做什麼呢？非常簡單：行動起來！立刻！

檢視一下你的生活以及你與自己、與這個世界的相處方式，怎麼做會讓你感覺很好呢？現在還是每週工作八十個小時嗎？還是你已經升職，位階變得更高了？或者門前那輛福斯（Golf）／賓士（Benz）／路虎攬勝（Range Rover）只是租來的？還是你買了馬略卡島[註1]上那間有著海景的融資私宅？俗話說得好：財產會讓人背上責任、付出辛勞、有所依賴與不自由。

請問問自己：我（與我的家庭）究竟需要什麼東西，才是真正的快樂？

我們的小提醒（即便有可能重複）：把讓你覺得有負擔的東西清理掉，脫離那些東西，請做出決定。我們不會說這種決定都很簡單或能夠堅持下去，這種改變也常常在一小段時間後導致你變得害怕、反抗，並懷疑是否能明確改善自己的狀況。不久後你將會發現一些被你的勇氣所激發的仿效者，或許能使整個世界漸漸變得好一點。

註1　馬略卡島：西班牙巴利亞利群島的最大島嶼，位於西地中海，是著名的旅遊景點和觀鳥去處。

　　誰知道呢？就算是「革命」也是先由小事情引發之後或跨出第一步後開始的。

　　請為生命中的微小事物感到喜悅，它們多半才是那真正讓人快樂的事物。有研究證實，就「快樂」的角度來看，無論是戶頭裡擁有二十萬歐元還是二十二萬歐元，抑或每個月賺六千五百歐元或七千歐元，都無法測出差異性。誠如經濟學家所發現的，這種「神奇」差額介於年收入毛額八萬至十萬之間，此界線以上便測量不出明顯的快樂增長了。

　　一旦吃、喝、居住與醫療等基本需求都被滿足了，收入達到一定費用開始就幾乎完全不會對個人的幸福感有任何影響了。我們來看看世界上最幸福的國家：二〇一六年，丹麥榮獲全球幸福報告（World Happiness Report）的第一名（二〇二〇年最幸福的國家由芬蘭拔得頭籌，蟬聯三屆冠軍寶座，第二名則是丹麥），丹麥是一個社會民主國家，有許多海洋、高額稅金、高生活品質、大量中產階級、短工時、模範性健康制度與家庭制度，還有相當高的失業補助！

　　就像偉大的德國最佳樂團「醫生樂隊（Die Ärzte）」的主唱法林‧烏爾勞布（Farin Urlaub），他在《Alle dasselbe》（暫譯：《全都一樣》）這首歌裡面所唱的：「當人類存在於世上，我們或多或少同樣想要：擁有陽光充足的地方、足夠的食物、一張床─和一個愛我的人！」（歌詞暫譯）

必須要有個計畫……

　　為什麼要做個計畫？因為我們認為只有書寫下來的計畫能有效阻止無意義的消耗。做一份倉鼠計畫你只需要幾張紙、一枝筆，當然還要有一點時間。這樣做出來的計畫有益於工作與生活的平衡，並能幫助你目標明確地生活，沒有壓力與挫折。然後如你所願，做一隻火已滅的倉鼠。

　　你可以按照自己所想的，在個人領域、私領域與工作領域裡規劃倉鼠計畫，我們認為這樣做是有意義的。

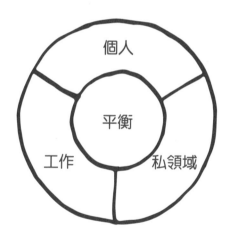

　　你會發現我們在本書開頭就已經在「平衡」這個議題上使用過這張圖了，而這裡又剛好能以神奇的方式連接上了這個圓圈，就像我們早就安排好的一樣。

　　這份倉鼠計畫應該用來協助你操控個人的倉鼠輪，如果你

的倉鼠輪此時沒有轉動或正處於低速轉動中（你正身處在我們過勞模組的第1、2、5階段或第3階段初期），那麼你記錄在倉鼠計畫中的措施或點子便可以幫助你將轉速降至一個可承受的程度，如此一來這份倉鼠計畫就是預防工作的一環了。

如果你的倉鼠輪子已經在高速轉動（第3階段後期或第4階段），那麼這份倉鼠計畫很可能要等到你經過治療並再度產生動力後才能為你所用了，而此時倉鼠計畫的製作則會是多餘的。為了讓你更輕鬆一點，我們在這張圖表外圈依序加上新的區塊：

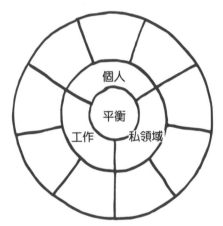

根據我們的經驗，在個人領域、私領域與工作領域的外圈中，圈內的議題對每個人來說非常重要，而且你可以好好地描寫它。相關議題範疇如下頁圖。

如你所見，我們並非挑簡單的下手，不過你現在應該不會感到壓力，你必須同時在每個議題範疇內變得主動，你可以慢慢將這些區塊填滿，稍作改變或自行設立好的事物。

倉鼠計畫的效果如下：每一個外圈的小區塊都要負責讓倉鼠輪的轉速停留在可掌握的範圍內，你使用到的區塊越多，你就能越精準地控制倉鼠輪的轉速。為了幫你加強記憶：這關係到你的存在神殿的個人之柱的拓寬，並且有利於讓你好好思考什麼是你想在倉鼠輪外環裡爭取到的、什麼對你來說是重要的，以及什麼會讓你感到滿足。（請容許我們再次簡短回顧一下本書先前的內容：當你定義好某件事做到何時已經足夠，那麼你就可以根據帕累托法則，讓你的時間達到最好的效能。）

最後你會在倉鼠智慧提升法的第三階段裡，擁有屬於你自己的總體藍圖，它將幫助你停留在「火已滅的倉鼠」階段，同時提供給你一個自由與自主決定人生的視角。

你可以在空白紙上或電腦上依據自己的喜好塑造你個人的倉鼠計畫，或者你也可以使用我們在書中為你準備好的計畫樣本。

開始吧！現在請在新的區塊中寫下你認為重要的事，以及

你希望可以實現的事，請採用正向的語彙，最好使用現在式，猶如你已經達到目標一樣（這是為潛意識準備的小花招）。如果你不太清楚自己的想法屬於哪個區塊：不用擔心，就寫在你認為可能適合的地方，寫下來總比忘掉好。

如果你現在正好沒空以這種方式書寫，那麼就請你靜待凱洛斯（kairos）來敲門。不過為了以防萬一，你應該在行事曆上標註下你想重新嘗試的時間。

這個倉鼠計畫關係到你個人的隱私，你不需要與任何人商討或確認計畫內容，除非是你想這麼做。不過根據我們的經驗，在和朋友或另一半討論的過程中，重要的個人認知常常又會被打上問號，因為它們並不符合另一個人的經驗。

重要的是，這是你的計畫！這份倉鼠計畫是你的準繩，你可以照著它前往目標，當你不再確定自己究竟想達到什麼目標時，這份紀錄也可以重新給予方向，並調整你的倉鼠輪速度。

小提醒：如果你現在不確定自己想在這份倉鼠計畫裡記錄哪些內容，你也可以用自己的筆記開始進行我們在書中為你附上的練習。

另一個小提醒：我們把個人領域放在步驟進行的開頭，不過你也可以自己另選一個起點，然後不照順序地處理其他區塊。

個人的倉鼠計畫

倉鼠計畫裡的這個區塊關係到你自己，只有你自己，而沒有其他人，有關其他人的部份我們之後還會再談。

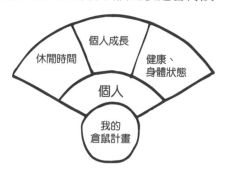

那麼：對你來說什麼事重要到你想讓自己好好培養呢？在關心別人時，你總是留太少時間給自己嗎？那麼這將會是一個好的開始，請按照計畫給自己多留一點時間。（再提醒一次：這裡牽涉到的不是如何，而是何事，至於執行方式我們稍後會談。）

請堅定地允許自己去做會讓自己感覺很好的事，也許你想學一個語言或某種技能？希望有多一點時間健身？想重拾過去的嗜好嗎？想多花點時間在自己喜歡做的事情上嗎？想再造訪劇場或演奏廳嗎？或是想要有多一點的時間閱讀你喜歡的書呢？

現在我們將各別投入三大領域中的其中一個領域，每次我們都會先列出幾個開場問題，幫助你更容易進入主題，下方空白處則可以寫上你的想法和願望。這些問題你不需要全都回答，它們只是作為一種激勵，藉此讓你入夢。

我的倉鼠計畫——個人領域：休閒時間

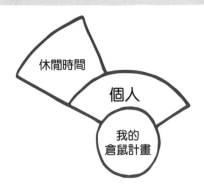

- 閒暇時間你想做什麼事？
- 下班後你想做什麼事？
- 週末你想做什麼事？
- 你想為自己找一個休息的地方嗎？或是一個充電處？
- 當你獨自一人時，你會做什麼呢？你會寫日記嗎？
- 你想追求哪些嗜好呢？
- 你想度過怎樣的假期呢？
- 你想去曬日光浴或看海嗎？或者兩者都要？還是想爬山呢？
- 為了找點樂子來放鬆，你會想做什麼呢？
- 除此之外，你還想做什麼呢？

....

....

....

....

....

我的倉鼠計畫——個人領域：我的成長

- 你想繼續進修嗎？
- 你想參加「工作坊」和課程嗎？
- 你會去尋求心理治療以治癒傷痛或讓心靈成長嗎？
- 「認識你自己」這個章節中的哪些內容會是你想執行的呢？
- 你想沉思嗎？
- 你想學習樂器嗎？
- 你想寫本自傳嗎？
- 你想上藝術課程嗎？
- 你想出國旅行嗎？
- 你想去戲劇院、電影院或音樂廳嗎？
- 你寫擺脫哪些驅使力？（請參照「驅使我的是什麼？」以及「關於驅使力與允許力」章節裡的列表）
- 在「刺激與反應」這章裡，哪些行為模式是你想建立起來的呢？
- 除此之外，你還想做什麼呢？

我的倉鼠計畫——個人領域：我的健康與身體狀態

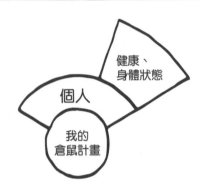

- 你想做什麼來維持健康？
- 做什麼可以讓你放鬆並且整天都滿足又愉快？
- 你充滿元氣嗎？如果還能做得更多：你想做什麼呢？
- 你想變得敏捷且強壯嗎？
- 你想運動、吃得健康並且喝足夠的水嗎？
- 你想執行哪些在進行倉鼠檢測時萌生的改變想法呢？
- 除此之外，你還想做什麼呢？

私密的倉鼠計畫

你已經邁出第一步了，那些個人的願望已經展露出來了，非常好，現在要繼續進入私領域了：

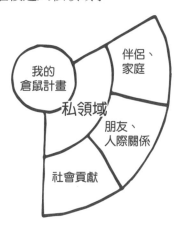

你想多跟誰在一起呢？朋友、熟人、另一半、你的小孩？或者你正好在找新的伴侶？

你希望自己的家庭擁有怎樣的氛圍呢？你想用特別一點且毫無壓力的方式，籌備下次的家族慶祝活動、耶誕節或生日宴會嗎？籌備時有什麼需要注意的事嗎？你想常常和知己碰面嗎？

你想盡哪些義務呢？你會不會也有金援公益的想法呢？你在朋友面前表現得很活躍嗎？或者你想變得活躍？

這些願望屬於倉鼠計畫接下來的領域，這裡還是要請你現在就寫下所有你想得到的內容。

我的倉鼠計畫──私領域：我的伴侶與家庭

- 你想建立一個家庭嗎？
- 你希望將哪些人列入你的家庭之內呢？
- 你希望與自己的家人有怎樣的關係呢？
- 你希望和誰多接觸，和誰少接觸呢？
- 如果孩子還住在家裡：孩子決定離開家後，你有什麼計畫呢？
- 你希望自己被以什麼樣的方式愛著、支持著呢？
- 你希望和伴侶之間如何溝通？
- 你希望如何解決情感危機與問題？
- 除此之外，你還想做什麼呢？

我的倉鼠計畫——私領域：我的朋友與人際關係

- 你想將哪些人列入朋友之內？
- 你希望這段友誼的氛圍如何？
- 你希望自己以何種方式被重視與受認同呢？
- 你希望和朋友一起做些什麼呢？
- 你希望和哪些人維持良好關係？
- 你希望少和哪些人接觸？
- 你想對哪些人道歉？
- 你想原諒哪些人？
- 你希望發展出哪種人脈？
- 除此之外，你還想做什麼呢？

我的倉鼠計畫——私領域：我的社會貢獻

- 你對慈善有多少付出？
- 你希望做什麼來幫助別人並且推動改變呢？
- 你希望參與這種公益活動的頻率是？
- 你希望拓展自己的影響範圍嗎？
- 你想幫助誰？
- 你不想再幫助誰了？
- 除此之外，你還想做什麼呢？

工作的倉鼠計畫

非常好，你幾乎快完成了：現在還剩「工作」這個領域。

工作的倉鼠計畫除了工作以外，還包含經濟方面與物質方面的事物，因為這些東西往往要藉由工作來生成：

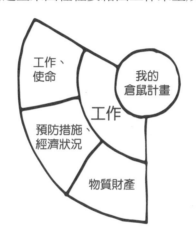

若要讓你再度喜歡去工作，必須有什麼改變呢？老闆或某個同事必須離開？你希望可以有別的任務、較彈性的工時、新的升遷機會嗎？還是你偷偷懷著從升職階梯上退一階下來的心願？想讓願望落空？究竟誰會想要這樣呢？

別擔心，其實許多人都有過寧願不升職的想法，因為他們低估了將會遇到哪些討人厭的工作。問題是這種自願放棄的行為是被公司禁止的，而且常常會和丟臉牽扯在一起。好消息是：這不是你的問題，而是公司的問題，如果你想重回舊職位，你

就有權去爭取，也許無法在現在這間公司得到它，而是在另一間，不過無論如何，和上司談談都是值得的，因為沒人喜歡看到你在你的位置上過得不快樂。反過來說：你想承擔更多責任嗎？例如人事、預算或公司的成就等方面，請試著寫下來，並且試著說出來吧！

你想到海外去嗎？你知道自己的使命是什麼嗎？通常在自己願意滿腔熱血去做以及即使無償也願意做的事裡，可以找到自己的使命。你想要的不只這些嗎？你希望能具備哪些可塑性呢？哪些工作模式正好符合你的人生藍圖呢？或許你更喜歡在家工作？那麼你的清單上就可以有「在家辦公」這個課題。

我們也將你的財產歸入了工作領域：你想擁有、保留或丟棄什麼呢？多少積蓄會讓你覺得安全呢？你究竟需要多少收入才夠呢？這可以多也可以少，或者剛好就是你現在得到的數目。重要的是，你清楚意識到自己的願望與需求。

你一直都想開的車是「女神」雪鐵龍 DS[1]嗎？或者你想擁有一臺電動自行車？你希望有一個附逆流系統的游泳池嗎？還是你想要一個新廚房？一支最新型的智慧型手機？更快速的網路？更大的房子？無論你希望的是什麼：別人對此怎麼想完全不重要。別管其他人怎麼想！請誠實說出你的願望並把它們寫下來吧！

註1　雪鐵龍 DS：法國汽車品牌，由安德烈‧雪鐵龍於一九一九年創建。

我的倉鼠計畫──工作領域：我的物質財產

- 你希望住在哪裡？
- 房屋座向應該如何？
- 你夢想的家有花園嗎？周遭環境如何？如何融入地景中呢？要有池塘嗎？
- 你想在托斯卡尼[註2]買一座酒莊嗎？
- 你想怎麼裝潢你的家呢？請在你未來的住所裡逛一圈，然後想像一下各種細節。
- 接著再想像一下，應該還要有哪些特別的裝飾呢？
- 家裡有什麼東西是你不再需要的呢？
- 你希望享有哪些物質財產呢？（在此請不要去思考如何才能獲得這些財產，請假設你都辦得到。）
- 除此之外，你還想做什麼呢？

註2　托斯卡尼：位於義大利，以其美麗的風景和豐富的藝術遺產而著稱。

我的倉鼠計畫 ── 工作領域：預防措施與經濟狀況

- 你的年收入應該多高？
- 你應該如何達到這樣的收入？
- 你想儲蓄或投資多少錢？
- 你希望每個月有多少錢可供使用？
- 你希望結清哪些負債？
- 你想收回哪些未收款項？
- 你想為了未來、退休後的生活做些預防措施嗎？
- 你希望利用哪種形式的節約來讓自己有安全感呢？
- 你希望留給下一代什麼？留給自己的又是什麼呢？
- 除此之外，你還想做什麼呢？

....

....

....

....

....

我的倉鼠計畫──工作領域：工作與使命

- 你希望在哪工作？
- 你希望做什麼？工作內容應該有哪些？
- 你不想繼續做的工作是什麼？你想對什麼說「不」呢？
- 你想爭取哪個職位？
- 你希望在哪間公司工作？
- 你希望擁有自己的公司嗎？
- 你偏好的工時模式是如何的？
- 你理想中的職場、工作環境應該是怎樣的？
- 你希望在家工作嗎？一週工作幾天呢？
- 你希望放一年長假嗎？
- 你希望和誰一起工作？
- 你希望有怎樣的顧客或客戶？
- 什麼事是即便無償也會去做的？你的使命是什麼？
- 你願意做些什麼去追隨你的使命嗎？
- 你想在海外工作嗎？
- 除此之外，你還想做什麼呢？

計畫歸計畫──然後呢？

恭喜你！你已經用系統化的方式、自發地在「個人領域、私領域與工作領域」內寫下了你的願望，你又向前邁進了一大步，因為你誠實地說出自己的心願，而且也已經跨出了付諸實行的第一步。就這麼簡單嗎？沒錯，就是這麼簡單！

當你用這種方式訂好了倉鼠計畫，首先，這份計畫不過又是一份寫過的紙而已，如果接下來在制訂或讀這份計畫時，你心中興起一種很好的預感，那麼可以推測就連潛意識也成了我們這邊的有力盟友了。你可以慢慢藉由使用、讀透並實現你的倉鼠計畫來增強這種好的感覺。

現在是時候一步一步付諸實行計畫了，這時要選一個不太大也不太小的目標，有一個非常簡單的設定（中途）目標的公式可供使用，即：可測量的、可做到的、激勵人心的。

按照這種方式撰述出來的目標是可以一步一步去實行的，而這方面的口號是：從思考到行動。具體來說是什麼意思呢？

我們假設你現在正處在你倉鼠計畫中的「個人」領域，你希望藉由運動來健身，若用上述公式來設定目標的話，就會像下面這樣：

為了讓我的身體狀況變得更好，我要每週至少騎三次的自行車，每次騎一個小時。

　　這種設定是可測量的（每週三次，每次騎一個小時），是可做到的（你只需要把腳踏車從車棚裡牽出來就可以了），是激勵人心的（你藉此推進了倉鼠計畫中，藉由運動來健身的心願）。

　　除此之外，自己不斷地反思也是很有意義的：「這真的是我所希望的嗎？」如果腦袋和心裡的答案都是「是的」，那就表示要胸懷寬廣地繼續走下去。但是如果答案是「不」，那麼就要再回去「思考」。

　　如果你仍未練習去聆聽內心的感受、去信賴你的直覺，那麼你可能需要一個小幫手，也就是所謂的潛意識動作：請想像你的潛意識對於你向它提出的問題，已稍稍動了動手指來回應，現在請去請求你的潛意識透過右手或左手的手指來給你一個手指信號，此信號代表的答案是「不」。（「親愛的潛意識，請用左／右手的手指來給我一個『不』，一個否定的信號吧！」）現在你可能會感覺到手指做了個小動作，也許很明顯或是有些遲疑，也許只是隱約意識到的。如果真的是這樣，那麼你就是已經找到了手指回答的「不」；如果不是這樣的話，那麼請在之後的某個時間點再試一次。如果是在沒有壓力並且很輕鬆的狀況之下，通常潛意識動作會非常容易出現。

　　正面的、肯定的答案也可以透過同樣的方式來獲得（「親愛的潛意識，請用左／右手的手指來給我一個『是』，一個同意的信號吧！」）。如果你喜歡，你還可以用這種方式建立第

三種可能的答案：也就是讓潛意識說出「我不想回答」的這種可能性。代表「是」與「不」的手指有可能會交換，因此最好每次向潛意識提問之前都先測試看看，你可以藉此確認哪一根手指是用來代表哪一種答案。

聽起來很奇怪嗎？沒關係，你就試一次看看嘛：請用這種方式在即將做出某個決定之前問問你的直覺，你是否應該選擇這個選項，或者應該選另一個。就連「這是我想要的嗎？」這個問題也可以這麼做，只是提出來的必須是一個封閉的問題，也就是一個答案只能是「是」或「不是」的問題。

目標的設定當然就留給你自己來做，你不應設立太多或太高的目標，因為這可能會讓付諸實行變成壓力。請自由根據帕累托法則，先在最重要的項目上實行，選擇會帶給你最大正面結果的事情。

現在請一個一個來看一次你的倉鼠計畫，並且試著每次都設定一個這樣的目標。如果你不知道某個點要何時以及如何去付諸實行，就請與自己約定一個想再重新檢視這個項目的日期，如此一來它就不會落到視野之外了。

實際操作的小提醒：重要的是，你也讓這個約定好的目標排入你的行事曆中，因為有可能你訂定的目標都很重要，但卻不急迫。因此為了讓付諸實行不會被無限期的推延，你應該立刻為它排定一個時間，因為目標就等同於：已排定好日期的夢想。

附錄

附錄

後記

　　書終於寫完了，你和我們身後躺著幾百頁。我們希望可以讓你變得聰明一些，讓你的生活更好一點，然後讓我們還有我們的出版社（或許）更富有一點……

　　在這麼多篇幅之後還有什麼要說的呢？沒有很多，我們是完成了，但是你要從哪裡開始，並做些什麼呢？

　　我們只剩下對你願意閱讀這本書的感謝，我們會很高興收到反饋的，請透過寫 E-Mail 或在 Facebook 上告訴我們你對這「一切」有什麼看法，以及這對你造成了什麼影響！你的看法對我們很重要，我們當然會對大多數的正面反饋感到高興，不過我們也很清楚會有批評落下。但我們對此感到高興！批評讓我們有機會去改變與進步，這樣很好！

　　也許我們還能給我們的倉鼠一些幫助，並且再解釋一些東西。「過勞」這種疾病的接受度在社會上以及職場生活裡已經

有了大大的提升，雖然尚未達到一定程度，但是過勞者們不再需要害怕被貼上裝病或懶惰鬼的標籤，大家都能夠公開地談論此事。二〇一九年，世界衛生組織（WHO）通過的《國際疾病分類》，已將過勞（Burn-out，又稱「職業倦怠」）首度納入其中，WHO 認為過勞屬於一種「職業現象」（Occupational Phenomenon）。過勞已經在群眾間廣泛地被接受了，這是一個好的開始，同時也是一個警訊。

因為不好的消息是：對付病因的措施非常、非常慢才會被實施。可惜我們自己、公司或政客都是直到現在，才很遲疑地準備去反思我們當前的體制，而這卻已經是迫在眉睫的事。可以肯定的是，這樣下去可能好景不長，賺錢或必須掙取更多所獲，這些觀點可能長期下去不會是我們經濟體唯一的（自我）目標。再快一些、再更有效率一些、再更好一點、再更富足一點……總有結束的一天。我們讓自己盡善盡美到進入災難之中，下一個挑戰可能會是：數位化的後果。今天我們有了「過勞」的症狀，不久後可能就是「無聊病」了。

是時候該認清楚：已經足夠了—給予工作與生活一份全新藍圖的時候到了。

未來的方案將是生活與生活平衡，因為大部分的過勞者們，也包含那些挺過其他重病之人，會在「事後」改變他們的偏好，發覺到什麼才是人生中真正重要的事。這是血淋淋的教訓！為

什麼直到此時才發覺到呢？人永遠悔恨著同樣的事情，而他們也許想到的不會是「如果我能賺更多錢就好了」。人離世後什麼也帶不走，他們想到的多半是那些與朋友、家人相處的時光，或是那些沒來得及做的、自己應該會很喜歡的事情。

這是最後一個中斷處了，現在請你再停下來沉澱一下，在做出結論之前，我們又要來看統計數字：根據統計，德國男性的平均壽命是七十八歲，女性是八十三歲。

你現在幾歲？

如果我們假設自己的晚年可能會受制於健康問題，那麼現在請回答下面的問題：

如果一切順利，也就是照著統計數字所言，你究竟還剩下幾個「美好的夏天」呢？

請將數目寫在這裡：

或許當你超過五十歲之後，才會發現自己已經吃掉三分之二的人生早餐了。

燃燒的倉鼠會死亡，或早或晚，我們無法改變什麼，不過我們可以為自己決定一個有意義的人生。Live a life you will remember！（活一場你會記得的人生！）你記得的，對吧？或者換個方式：

「你只需要決定你在剩下的生命裡想做些什麼。」這是電

影「魔戒」裡，甘道夫對哈比人佛羅多·巴金斯所說的話，命運讓佛羅多背上了異於常人的重擔。

為什麼又過了半年（一個夏天）沒有假期的生活呢？為什麼我還是沒到過紐約？我真的是自己人生的創造者嗎？我過得快樂嗎？我是否將我的時間浪費在不重要的事物上？還是浪費在一些無法使我的人生更充實的課題上？

針對這些或類似的老問題，你的答案是什麼呢？

可以肯定的是，如果你並不快樂，而且還是繼續照目前的樣子做下去的話，你得到的結果不會改變，而且可能還會重返「過勞」。因此，如果你（仍舊）身處倉鼠輪裡的話，請你停下來並走出來吧！

我們無法保證會變得更好，但絕對會變得不一樣，所以還是值得一試的。

這是你的人生，由你來決定自己想在那命定的、僅剩的幾個美好夏天裡做些什麼，祝你成功！

附錄

我還有話要說

　　起初我們「剔除」了下面的字句，但是我們終究不想全都放棄不用，因為就算在這個章節裡，還是有能學習到的東西。除此之外，對我們來說，讓你多參與一些本書的產生過程，藉此產生連結是很重要的事。

　　因此我們預祝你和我們的心靈輸出「玩得愉快」。其實下面的內容原本沒有列入書中，只是我們將之記錄下來，並不只是因為好玩而已。

捕獲兩位作者！

　　某個星期天，在泰伏斯先生的辦公室裡，確切地說，是他的診所房間裡，有三張椅子、一張小圓桌，角落裡有一張讓人很想躺上去的躺椅。

　　他花了三個半小時構思並設計出了這本書的雛形。

兩位作者「很詫異」，他們為何會「突然」做了那麼多工作……他們已經不行了。疲憊、注意力渙散還有輕微的暈眩（貝格先生的症狀）。他們很困擾，是因為天氣太熱嗎？還是因為今天是星期日？絕對不是，他們清楚得很，是自己挖了個坑給自己跳。

僅僅（？）三個半小時集中精神的工作，配上水和咖啡，而泰伏斯先生還吃了一顆糖（貝格先生正在戒糖），除此之外沒別的了。只有紙張、文字以及一份滿出來的目錄……我們再度掉入連續工作期裡了。

小提示：請意識到你自己的時間，要記得休息！如果沒有其他辦法，就自己訂個鬧鐘吧，三個半小時（像我們的例子一樣）是幾乎半個工作天了，請讓自己意識到這些！

給一隻燃燒中的倉鼠一個「示範性」案例

某位擁有兩家店的店主，同時也是幾個員工的上司以及三個孩子的父親，突然感到胸口劇痛，他腦中閃過「心肌梗塞」這個詞。

這隻倉鼠接下來做了什麼呢？打卡下班後，他一個接一個地將孩子還有狗安頓好，然後才自行開車去醫院掛急診。

結果：幸好不是心肌梗塞。

燃燒的 Kurt Cobain（科特・柯本）

「It's better to burn out than to fade away.」——「燃燒殆盡總比逐漸消失要好。」

這句話是從電影《時空英豪》裡節錄下來的，至今還有許多名人或公眾人物在試著效仿這句話。

這句話常常讓人聯想到涅槃樂團（Nirvana）的主唱 Kurt Cobain（科特・柯本），不過它實際上是出自尼爾・楊（Neil Young）的歌《My My, Hey Hey（Out Of The Blue）》。寧願在轟然巨響後離去，也不要慢慢地變得無關緊要而消失淡去，這似乎就像是 Amy Winehouse（艾美・懷絲）、Kurt Cobain（科特・柯本）、Jürgen Möllemann（約爾根・穆勒曼）或 Rex Gildo（雷克斯・吉爾多）等名人的座右銘。

像 Maria Carey（瑪麗亞・凱莉）、Renée Zellweger（芮妮・齊薇格）、Miriam Meckel（米莉安・梅克爾）或 Sven Hannawald（斯文・漢納瓦爾德）等名人也同樣被病魔纏身。

我的身體在經過多年倉鼠輪上的全速前進後，讓我清楚瞭解，是時候該「休息一下」了。不過在意識到過勞這件事之前，我覺得上面那句話很炫、很酷、很有男子氣概……但如今我知道並不是那麼一回事。

現在的我聰明多了，「冷一點比燃燒殆盡來得好。」

倉鼠累了嗎？
Der brennende Hamster

作　　　者	阿克瑟·貝格（Axel Berger）、 托爾斯登·泰伏斯（Thorsten Thews）
譯　　　者	林硯芬
圖 片 來 源	PIXTA

主　　　編	余素維
副 主 編	林宛妤
責 任 編 輯	葉美伶
行 銷 企 劃	江柏萱
校　　　對	吳琇娟、葉美伶
封 面 設 計	莊媁鈞
內 頁 排 版	李偉涵

國家圖書館出版品預行編目 (CIP) 資料

倉鼠累了嗎 ?/ 托爾斯登·泰伏斯 (Thorsten Thews),
阿克瑟·貝格 (Axel Berger) 著 ; 林硯芬譯 . -- 初版 . --
新北市 : 和平國際文化 , 2020.12
　面 ;　 公分 譯自 : Der brennende hamster
ISBN 978-986-371-265-7(平裝)
1. 疲勞 2. 壓力 3. 生活指導
176.76　　　　　　　　　　　　 109017183

法 律 顧 問	建業法律事務所 張少騰律師 地址：臺北市 110 信義區信義路五段 7 號 62 樓（臺北 101 大樓） 電話：886-2-8101-1973
法 律 顧 問	徐立信律師

監　　　製	漢湘文化事業股份有限公司
出 版 者	和平國際文化有限公司 地址：新北市 235 中和區建一路 176 號 12 樓之 1 電話：886-2-2226-3070　傳真：886-2-2226-0198
總 經 銷	昶景國際文化有限公司 地址：新北市 236 土城區民族街 11 號 3 樓 電話：886-2-2269-6367　傳真：886-2-2269-0299 E-mail：service@168books.com.tw

初 版 一 刷	2020 年 12 月
定　　　價	依封底定價為準

香港總經銷	和平圖書有限公司 地址：香港柴灣嘉業街 12 號百樂門大廈 17 樓 電話：852-2804-6687　傳真：852-2804-6409

Original title: Der brennende Hamster
Arbeiten Sie noch oder qualmen Sie schon. Das Buch zur Burnout-Prävention
Copyright © 2018 by Axel Berger and Thorsten Thews. All rights reserved.
a division of Campus Verlag GmbH, Frankfurt, Germany
This edition is published by arrangement with Campus Verlag GmbH through Andrew Nurnberg Associates
International Limited.